Aus Hesses 1904 erschienenem Roman »Peter Camenzind« kennen wir seine Liebe zu Franz von Assisi, dem er im selben Jahr noch eine kleine Monographie gewidmet hat. »Über einen Modernen dürfte man nicht so schreiben«, notierte er nach Abschluß der Niederschrift in einem Brief an den Redakteur, »aber hier galt es, einen längst verstummten Zeugen aus alter Zeit wieder reden zu machen.« Hesse schildert die Lebensgeschichte des Heiligen bewußt im legendären Tonfall der Überlieferung, wie er sie u.a. in der mittelalterlichen Franziskus-Biographie des Thomas de Celano, Bonaventuras und den damals neuesten Darstellungen von Henry Thode und Paul Sabatier vorfand.

Mehr als 80 Jahre lang war diese kleine Monographie vergriffen. Denn bald schon beurteilte Hesse die Veröffentlichung reservierter als eine »leichtfertige Arbeit, in jugendlichem Enthusiasmus mit einer Ahnungslosigkeit und Frechheit geschrieben, in die ich mich nicht mehr zurückzudenken vermag«. Von der Kritik dagegen wurde das Bändchen begeistert aufgenommen. Die »Neue Zürcher Zeitung« schrieb damals: »In schlicht volkstümlicher, zugleich aber kraftvoller und poetischer Sprache, deren Ton bewußt altertümelnd an den der Heiligen Schrift und der Legenden anklingt, gibt Hesse anhand der wenigen historischen Zeugnisse ein überaus anschauliches Bild seines Lieblingsheiligen ... ebenso vortrefflich sind die ›laudes creatorum‹, der ›Sonnengesang‹ Franz von Assisis, übersetzt.«

1905, anläßlich Otto von Taubes Übersetzung des »Blütenkranz des heiligen Franziskus von Assisi«, hat sich Hesse erneut mit diesem Thema befaßt und in der »Münchner Zeitung« ohne hagiographischen Erzählstil darüber referiert. Die Legende »Das Blumenspiel – Aus der Kindheit des heiligen Franz von Assisi« von 1919 hingegen ist frei erfunden und zeigt einmal mehr Hesses wahlverwandtes Einfühlungsvermögen in diesen Menschen, der nichts halb tun konnte und nichts predigte, »was er nicht selbst täglich erfüllt hätte, so daß sein Beispiel die Lehre trug und unterstützte«.

Hermann Hesse, am 2. Juli 1877 in Calw/Württemberg als Sohn eines baltendeutschen Missionars und einer württembergischen Missionarstochter geboren, 1946 ausgezeichnet mit dem Nobelpreis für Literatur, starb am 9. August 1962 in seiner Wahlheimat Montagnola bei Lugano.

insel taschenbuch 1069

Hermann Hesse

Franz von Assisi

HERMANN HESSE
FRANZ VON ASSISI

Mit Fresken von Giotto
und einem Essay
von Fritz Wagner

Insel Verlag

Redaktion: Volker Michels

Klimaneutral
Druckprodukt
ClimatePartner.com/14438-2110-1001

15. Auflage 2024
Insel Verlag Berlin

Erste Auflage 1988
insel taschenbuch 1069

Umschlag nach Entwürfen von Willy Fleckhaus
Satz: Memminger MedienCentrum, Memmingen
Druck: CPI books GmbH, Leck
Printed in Germany
ISBN 978-3-458-32769-1

www.insel-verlag.de

Franz von Assisi

Zum Eingang

Von alters her haben jeweilen große und herrliche Menschen auf Erden gelebt, welche nicht durch vereinzelte ungeheure Taten oder durch aufgeschriebene Dichterwerke und Bücher sich Ruhm zu erwerben trachteten. Dennoch taten solche Geister gewaltige Wirkungen auf ganze Völker und Zeiten, also daß jedermann sie kannte und mit Eifer von ihnen redete und mehr über selbige zu erfahren begehrte, und so kam ihr Name und eine Kunde von ihrem Wesen in aller Leute Mund und ging auch im Verlaufe der Jahrhunderte niemals im Gewoge und Wechsel der Zeiten verloren. Denn jene so gestalteten Menschen taten ihre Wirkung nicht durch einzelne verstreute Werke oder Reden und Künste, sondern vielmehr allein dadurch, daß ihr ganzes Leben aus einem einzigen, großen und einigen Geiste geboren erschien und als ein helles und göttliches Bild und Beispiel vor aller Augen stand.

Diese vorbildlichen Menschen haben sich aber, auch wenn sie kein einziges großes äußeres Werk vollbracht hätten, durch ihr bloßes Leben zu unvergeßlichen Meistern und Bezwingern der Herzen gemacht, indem sie ihr gesamtes Tun und Leben aus einem einzigen höheren Geiste führten, ebenso wie wenn ein Baumeister und Künstler einen Dom oder Palast nicht nach jeweiliger Willkür und schwankender Laune, sondern aus einem klaren und lebendigen Gedanken und Plan untrüglich zu Ende führt. Sie waren sämtlich feurige und gewaltige

Seelen, welche ein mächtiger Durst nach dem Unendlichen und Ewigen verzehrte und ihnen keine Rast noch Wohlsein vergönnte, als bis sie außerhalb der Sitten und Art ihrer Tage und Zeitgenossen ein ewiges Gesetz erkannten, nach welchem sie von Stund an ihr Tun und Hoffen richteten.

Sie waren Dichter, Heilige, Wundertäter, Weise oder Künstler, jeder nach seiner besonderen Art und Gabe, allein sie waren alle darin gleich geartet, daß sie in der Kürze und Hinfälligkeit des Daseins auf Erden ein Gleichnis des Ewigen und Beständigen erschauten und daß sie mit sehnlichem Begehren und todesmutiger Leidenschaft danach getrachtet haben, Himmel und Erde in ihrem Herzen zu vermählen und das Irdische und Sterbliche mit der Glut ewigen Lebens zu durchflammen. Auf solche Weise ward ihr Leben von den tödlichen Fesseln der Zeiten und zeitlichen Gebrechen erlöst und steht nunmehr, aller Zufälligkeiten und irdenen Schale entkleidet, als ein Wunder vor der Menschen Gedächtnis.

Jedes in solcher Art geführte Leben eines gewaltigen Menschen ist nichts anderes als eine Rückkehr zum Beginn der Schöpfung und als ein sehnlicher Gruß aus Gottes Paradies. Denn jene großen Träumer und Heldenseelen haben es immerdar verschmäht, aus trüben Wassern zu trinken; sie haben niemals an Scheinbildern ihre Genüge gehabt und sind niemals mit einem Namen anstatt des Wesens noch mit einem Bildnis an Stelle des Wirklichen zufrieden gewesen, vielmehr strebten sie in unersättlichem Drange an die ersten, reinen Quellen aller Kraft und jedes Lebens zurück, gingen mit den geheimnisvollen Seelen der Erde, Pflanzen und Tieren um als mit ihresgleichen und ihnen eng verwandten Seelen, und begehrten – anstatt mit Bildnissen und symbolis und leeren Schatten – in ihren Nöten und Herzensfragen unvermittelt mit Gott selbst zu reden.

Und dadurch haben sie allen anderen Menschen Gott nähergebracht und das Geheimnis der Schöpfung aufs neue wert und teuer gemacht und in heiliger Ahnung gedeutet. Sie haben das Wesen und Gesetz des inneren Menschen immer wieder neu entdeckt, da sie sich der Erde und dem Himmel gleichsam nackt, und als wären sie die ersten Menschen, entgegenstellten, indes wir andere nur in dem Gehäuse sicherer Vorstellungen und ererbter Gewohnheit leben zu können meinen.

Solche wahrhaft tiefen und wesenhaften Menschen sind häufig anfänglich als Narren verschrien worden, und es fehlt ja nicht an Leuten, denen eine derartige Seele immer ein unverständlich und närrisch Ding erscheinen will. Wer aber mit ernstem Herzen das Leben eines großen Menschen betrachtet, dem erscheint es gleich einem aus Schlünden hervorstürmenden Strome und gleich einem brünstigen Schrei der ganzen Menschheit; denn in Wahrheit ist solch ein Leben stets ein zu Gestalt und Person gebildeter Traum und ein sichtbar gewordenes Heimweh und Ewigkeitsverlangen der ganzen Erde, deren flüchtig lebende Geschöpfe immer wieder ihr Los mit den ewigen Sternen zu verbünden trachten.

In jener fernen Zeit, welche wir das aevum medium oder Mittelalter heißen, hatten sich immer mehr zwischen den Geistern und Völkern ungeheure feindliche Gewalten erhoben, und durch die Länder ging ein Zittern und

Stöhnen über Kriegesnöte und große Schlachten. Zwischen den Kaisern und Päpsten brannte blutiger Hader, Städte befehdeten die Machthaber, Adel und Volk lagen hier und dort in bitterem Zwist. Und die römische Kirche, als Herrin der Welt, war eifriger mit Waffenrüstungen, Bündnissen und Gesandtschaften, Bann und Strafen als mit dem Frieden der Seelen beschäftigt. Unter den geängsteten Völkern aber entstand tiefe Not. An mehreren Orten traten neue Lehrer und Gemeinschaften auf und boten mit Verachtung des Lebens den schweren Verfolgungen der Kirche Trotz, andere folgten in großen Scharen den gewaltigen Zügen nach dem gelobten Lande. Nirgends war eine Leitung oder Sicherheit, und es hatte ein Aussehen, als wäre das Abendland und Herz der Erde trotz äußerlichen Glanzes nahe am Verbluten.

Da geschah es, daß in Umbrien ein unbekannter und junger Mensch in Gewissensnot und tiefer Demut bei sich beschloß, einfältig und unbekümmert in seinem Leben ein bescheidener und treuer Nachfolger des Heilandes zu sein, und daß Gefährten ihm nachfolgten, anfänglich zwei und drei, alsdann hundert, hernach aber viele Tausend, und daß von diesem demütigen Mann in Umbrien ein Licht des Lebens und ein Born der Erneuerung und Liebe über die Erde ausging, davon ein Strahl noch bis in unsere Tage glänzt.

Dieser war Giovanni Bernardone, genannt St. Franziskus von Assisi, ein Träumer, Held und Dichter. Es ist von ihm nur ein einziges Gebet oder Lied erhalten geblieben, doch hat er uns statt geschriebener Worte und Verse das Andenken seines schlichten und reinen Lebens gegeben, welches an Schönheit und stiller Größe hoch über gar vielen Dichterwerken steht. Wer demnach dieses sein Leben erzählt, der bedarf keiner weiteren Worte und Betrachtungen, deren ich mich denn mit Freuden enthalte.

Das Leben des heiligen Franziskus

Im zwölften Säkulum lebte zu Assisi im umbrischen Lande ein Kaufmann, der hieß Pietro Bernardone und war von großem Reichtum und gutem Ansehen unter seinen Mitbürgern, gehörte auch, als ein Tuchverkäufer, dem vornehmsten Handelsstande an. Wie es zu jenen Zeiten Sitte war und notwendig erschien, tat Herr Bernardone öfters weite Reisen nach entfernten Städten und Ländern, um auf den berühmten Märkten seine Tücher einzukaufen. Mit besonderem Vorteil und Vergnügen reiste er aber in das mittägliche Frankenland, wo zumal in der reichen Stadt Montpellier ein großer und immerwährender Handelsmarkt gehalten ward. Daselbst lernte er die fränkische Sprache, auch Brauch und Sitte wohl und sammelte vielerart Kenntnisse in sich an. Es waren ohnedem zu damaliger Zeit die reisenden Kaufleute von einer anderen Art und Lebensweise, als wir sie heute sehen. Jene taten ihre Wanderschaften häufig nicht ohne große Gefahr, worüber sie zu halben Rittern gediehen; dazu trugen sie vielerlei Neuigkeiten und Kenntnisse von einem Lande zum anderen, verwalteten die Geschäfte der Fürsten und Mächtigen und waren ungewollt die Verkündiger und Sendboten von allen neuen Begebenheiten, Lehren, Liedern und Berichten. So machten sie sich nicht allein ein weltgewandtes Wesen und feine Sitten zu eigen, sondern trugen auch die neuen Gedanken weiser Männer und deren Lehren nebst anderer Kunde mit sich über die Länder hinweg.

Genannter Herr Bernardone hatte zum Gemahl eine Domina Pica, von welcher man wenig anderes zu erzählen weiß, als daß dieselbe aus einem adeligen Hause stammte (daher sie denn Domina genannt wurde). Des weiteren dürfen wir glauben, daß Frau Pica ihre Herkunft von den provenzalischen Landen hatte, aus welchen Gegenden auch ihr Eheherr seine Lust an dem freien und wohllauten fränkischen Wesen und an der fränkischen Sprache mitgebracht hatte. Je weniger die alten Autoren über diese edelgeborene Dame zu sagen wissen, desto inniger möchte man wünschen, ein Bildnis ihrer Person zu haben und anzuschauen, welche man sich nicht anders als liebevoll, sanft und heiter vorzustellen vermag, von der Art der Provenzalen, welche ebenso inbrünstig zu beten als lieblich zu singen und zu dichten verstanden. Und wenn man ihres Sohnes Leben und Weise betrachtet, verläßt einen der Gedanke nicht, es müsse dieser Mann eine überaus gütige Mutter gehabt haben.

Es war aber damals überall von nichts so häufig die Rede als von Gegenständen des Glaubens und der Kirche, welch letztere trotz äußeren großen Triumphes einem innerlichen Erstarren und Hinsterben preisgegeben schien. Darüber entstand, vorab unter dem armen Volke, vieles Seufzen, und heute mag es uns erscheinen, als wären damals die Völker gleich einem dürren Ackerlande oder gleich einem verschmachtenden Wild gewesen, welches in Not und Begierde aufschrie und zitterte. Gleichwie ein verirrtes Kind in einer dunkeln Wildnis verzweifelnd sich ängstet und aus tiefer Bangnis um Hilfe schreit, so schrie und bangte mit brennender Leidenschaft in den Seelen jener Menschen ein verdürstendes Heimweh nach frischen Quellen. Propheten erhoben sich hier und dort, Seher und Büßer standen auf, und sehnsüchtige Gemeinschaften versammelten sich, welche jedoch die Kirche als Ketzer und Abtrünnige in Bann tat und verfolgte.

Über diese Bewegungen der Geister, von welchen die mächtigste in fränkischen Landen ihr Wesen hatte, begehrte jedermann neues zu wissen, und ein reisender Handelsmann bekam von nichts so viel zu hören und wurde überall nach nichts so emsig befragt. Auch Herr Bernardone wußte wohl von diesen Dingen, und es mag sein, daß auch in seinem Hause davon viel geredet wurde. Denn allerorten begehrte die Menschheit nach einem lebendigen Glauben und sehnte sich nach der Kunde von Gott und den ewigen Dingen, welche in Lehren und Gebräuchen der Kirche versiegt und erstorben war.

Neben diesem vernahm und redete Bernardone aber auch von Händeln der Welt, von Krieg und Ritterswesen und von dem Kaiser Friedrich Barbarossa, welcher damalen regierte. Auf den Barbarossa, welchem die italienischen Städte in dem Siege bei Legnano viele Macht entrissen, folgte hernach der Herr Heinrich VI., welcher hinwieder das Land Italien schwer bedrängte. Damalen wurde auch über die Stadt Assisi vom Kaiser ein strenger Vogt gesetzt, dieser war Konrad aus Schwaben, genannt Herzog von Spoleto, und hielt über der Stadt in seiner Feste Land und Leute in strengem Regiment.

Solchergestalt erblickte das Haus des Herrn Bernardone vielerlei Schicksal und Weltbegebenheiten gleichsam gespiegelt, und es war darin ein mannigfaltiges und bewegliches Leben. Auch war die Stadt Assisi, wie sie noch heutigen Tages ist, ein gar schöner und herrlicher Ort und Wohnsitz. Sie ist nämlich an einem hohen Hügel steil bergan gelegen, und hinterwärts ragt der gewaltige Monte Subasio, und von Assisi her ist ein gar weiter, überaus köstlicher Blick über das ganze umbrische Land, welches zu den schönsten und fruchtbarsten in Italien gehört, mit vielen Städtlein, Dörfern, Weilern und Klöstern.

Nun geschah es im Jahr des Herrn 1182 (oder, wie manche meinen, 1181), daß Frau Pica zu Assisi eines Knaben genas, indessen ihr Gemahl auf Reisen im Frankenlande verweilte. Die Mutter beschloß, das Knäblein mit dem Namen Johannes zu nennen. An dem Tage, da dieses geschah, trat in das Haus ein alter Pilger, welchen niemand kannte, und begehrte das Kind zu sehen, nahm es auf die Arme, betrachtete es mit zärtlichem Entzücken und brach in ein lautes Lobpreisen aus, worin er dem Neugeborenen große und herrliche Schicksale weissagte. Darauf wurde der Knabe im Dom auf den Namen Giovanni, das ist Johannes, getauft.

Als jedoch einige Zeit später sein Vater Bernardone von Reisen heimkehrte, nannte er das Kind Franz, und diesen Namen behielt es für immer. Er gab ihm denselbigen, wie man glaubt, aus besonderer Vorliebe für das Frankenland und französisches Wesen. Auch lernte Franziskus schon in zartem Alter die gallische Sprache, welcher er auch später, namentlich wenn er zu seiner Freude schöne Lieder sang, gerne anwendete.

Im übrigen erwuchs der Knabe ohne allzu viele Belehrung und wurde nur in den Anfangsgründen der Schreibekunst und des Lateinischen unterwiesen. Auch hat er sein Leben lang ungern und nur mit Mühsal eine Feder geführt. Wenn er aber diesergestalt zu keinem sonderlichen Gelehrten erzogen ward, genoß er die Freuden seiner jungen Jahre um so fröhlicher und blickte mit ungetrübten Augen in den Tag, denn er war von einer freudigen und lichten Gemütsart und allem Schönen und Heiteren von Herzen zugetan.

Indes er so in die Jünglingsjahre hineinwuchs, fing eine Sehnsucht an, ihn zu bewegen, als müßte er etwas Absonderliches und Gewaltiges tun und aus sich machen. So regte sich in seiner jungen Seele verhüllt und dunkel der eingeborene Drang, noch ohne Ziel und Gewißheit, als ein frohes Flügelschlagen. Mit stürmender Leidenschaft warf er sich in das Leben, voll großer Begierde, allen Glanz und Wert der Welt zu erkennen und an sich zu reißen. Vor allem wollte es ihm edel und begehrenswert erscheinen, sich einem ritterlichen und prächtigen Leben hinzugeben, wozu sein ganzes Wesen neigte. Auch erklangen in jenen Jahren von Frankreich her die ersten süßen und mächtigen Minnelieder der welschen Troubadours, welche den feurigen Jüngling mit tiefer Lust und Ahnung bewegten, wie er denn das Frankenland gleichsam als eine ferne Heimat liebte. Ein Ritter und Troubadour zu sein, war sein herzlichstes Träumen und Begehren.

Da nun sein Vater zwar kein Adeliger, jedoch reich und wohl angesehen war, hielt Franziskus mit den jungen Söhnen der Edelleute gute Freundschaft, übte sich in

Waffen und im Gesang, gab viel Geld aus und lebte in allen Dingen vollkommen als ein adeliger Jüngling. In vollen Zügen genoß er die Herrlichkeiten der Welt, kleidete sich reich und schön, gab Schmäuse und Gelage, vergnügte sich mit Reiten, Fechten, Spiel und Tanz und jeglicher Lustbarkeit. Denn seine Genossen und Freunde liebten ihn sehr, zum Teil seines Geldes wegen, jedoch nicht minder auch um seine frohe, liebevolle und wahrhaft adelige Art, denn er stand in Feinheit der Sitten und edelmütiger Gesinnung keinem hochgeborenen Barone nach. Vor allem gefiel ihm das Verschwenden und Hinweggeben, das ihm einem echten Ritter besonders anzustehen schien. In Bälde ward er unter den jungen Herrensöhnen ein Anführer und König, princeps juventutis genannt.

Dennoch blieb er weichen und mitleidigen Herzens. Es geschah einstmals, daß ein elender Bettler in seines Vaters Kaufhalle trat und in Gottes Namen um eine geringe Gabe flehte. Franziskus ließ ihn zornig an und jagte ihn hinweg. Aber sogleich tat ihm diese Härte weh und reute ihn so sehr, daß er dem Bettelmanne durch die Gassen nachlief und ihn einholte und doppelt beschenkte.

Unterdessen traten unruhige Zeitläufte ein. Der Kaiserliche Vogt, Herr Konrad Herzog von Spoleto, mußte sich dem Papst ergeben, und sobald er Assisi verlassen hatte, bestürmten die Bewohner der Stadt seine Feste und nahmen sie ein, verwüsteten sie sogleich und ließen keinen Stein auf dem andern. Jedoch gereichte diese verübte Tat der Stadt zu geringem Vorteil. Das niedere

Volk nämlich, welches von der Zerstörung der Zwingburg noch nicht ersättigt war, begann einen Kampf auf Brand und Mord wider den Adel, welcher in schlimme Not geriet. Da erflehten einige von diesen Baronen in ihrer Bedrängnis von der Stadt Perugia Hilfe und Schutz, und sogleich begann diese mächtige Stadt einen Krieg mit denen von Assisi und besiegte sie in einer Feldschlacht. In dieser Schlacht kämpfte neben vielen seiner Genossen auch Franziskus mit, jedoch nicht auf seiten jener Heimatverräter, sondern im Dienst der Vaterstadt, und Franziskus fiel samt vielen anderen in die Gefangenschaft der Feinde und wurde nach Perugia gebracht. Dort ward er ein ganzes Jahr gefangengehalten und kehrte erst am Ende des Jahres 1203 nach Assisi zurück.

Während dieser langen Kerkerhaft verlor indessen der Jüngling seine Freudigkeit und Tatenlust so wenig, daß er vielmehr die übrigen Gefangenen erheiterte und tröstete, auch noch heftiger als zuvor von Ritterleben und Kriegesruhm träumte und redete. Und er war kaum aus Perugia entlassen und heimgekehrt, so begann er das vorige kostbare Leben mit Prassen, Hochmut und Vergeuden von neuem und stürzte sich begierig in alle weltliche Lust, recht als dürste ihn, die ganze Herrlichkeit der Erde in verlangende Arme zu schließen und sich jeder Wonne innerst zu ersättigen. Seinem mächtigen und entbrannten Gemüte war es nicht möglich, zu sparen und Maß zu halten, sondern sein Leben lang nahm er an allem, was er tat, mit überwallendem Herzen teil und kannte kein Rasten und Genügen.

Seine Mutter Pica aber, da man ihr den üppigen Wandel ihres Sohnes vorhielt, sprach aus der Ahnung ihres

Herzens ihn frei und vertraute fest, daß Gott den Ungestümen in Bälde gute Wege führen werde.

Nach einiger Zeit fiel er in eine schwere Krankheit und spürte die Hand des Todes über sich. Da fing er wohl an zu merken, daß aus einem beständigen Freudenleben keine Genüge und innere Ruhe erwachsen möge, wußte aber keinen Weg zu anderen Gütern, und doch begehrte er sehnlichst danach, das ganze Leben in großer Liebe zu umfassen. So fiel er in das Gastieren und Wohlleben zurück, trachtete aber beständig nach edlerem Ruhm und wahrer Ehre, redete auch oft davon, wie daß er ein Fürst und großmächtiger Herr über viele zu werden gedenke. Denn in der Ritterschaft schien ihm alles Hohe und jegliches Heil beschlossen.

Da erscholl eine Kunde, daß im Süden von Italien Herr Walter von Brienne in Papstes Diensten die Waffen führe. Und allenthalben beschlossen mutige und begierige Männer und Jünglinge, dahin zu ziehen, denn der Herr Walter von Brienne war ein großer Held und Stern der Ritterschaft, und sein Name hatte einen Klang wie Sausen von Schwert und Speer und wie helltöniger Siegesgesang. Bei selbiger Kunde entbrannte der Jüngling Franziskus, und ihm schien, es läge nun alle Pracht und Ehre der Welt vor ihm gebreitet. Mit ihm rüsteten sich, unter einem gemeinsamen Hauptmann, mehrere adelige Jünglinge seiner Stadt; doch übertraf Franziskus jene alle an Glanz und Prunk der Kleider und Waffen, so daß jedermann sich nicht wenig verwunderte. Auch redete er mit vielen von seinen kühnen und hochfahrenden Gedanken, wie daß er ein Held und Fürst zu werden gedenke, was alles manchen als ein törichtes Prahlen klingen wollte, ihm aber lag es als ein heiliges Vorhaben am Herzen. Sein heißes Gemüt war so beschaffen, daß ihm in keiner Mitte und halben Erfüllung konnte wohl werden, sondern trachtete mit Inbrunst allein nach dem Edelsten und Prächtigsten auf Erden.

Nachdem alles auf das Beste gerüstet war, stieg Franziskus samt seinen Genossen zu Roß, rief mutig Lebewohl und ritt in seinem kostbaren Waffenschmucke aus der Stadt, als ein kühner Weltfahrer und Abenteurer, den Kämpfen und Ehren und Lustbarkeiten der weiten Welt entgegen. Die Hörner taten ihren kecken Ruf, sein schönes Pferd griff aus und schnob ungeduldig in den klaren Tag, sein Gewand glänzte und rauschte in der Sonne, und sein junger Sinn sah vorausträumend goldene Kränze von fernen Zinnen locken.

Da geschah es, daß am ersten Reisetag der Jüngling Gottes Stimme vernahm, also daß er im Herzen erzitterte und die köstlichen Bilder der Lust und Eitelkeit in ihm zerrannen. Es weiß niemand, was in dieser Stunde ihm kund ward und welcherlei Stimmen seine erschrockene Seele zerrissen und niederbeugten. Über den Augenblick, in welchem eines Menschen innere Geschicke entschieden werden, ist immerdar eine Dunkelheit gebreitet als über ein heiliges Geheimnis. Was des Franziskus Gedanken oder innere Gesichte gewesen, davon hat er nie geredet. Aber es muß sein, daß ihm plötzlich die Rätsel des Lebens und Todes klar vor Augen standen und eine heilige Gewalt ihn unentrinnbar nötigte, eine Wahl zu tun und ein Ziel seiner Wege zu suchen. Zu Spoleto fiel ihn sodann ein Fieber an, und bald hernach kehrte er still und gebrochen allein nach Assisi zurück. Seine herrliche Rüstung aber hatte er an einen armen Edelmann verschenkt.

Seine Eltern wie auch alle anderen Leute in der Stadt waren voll Erstaunen und zürnten ihm, lachten ihn aus und hatten ihren Spott mit ihm, der als ein berühmter Herr und Fürst hatte heimkehren wollen. Die vorigen Freunde aber erhofften von seiner Verschwendung aufs neue mit ihm in Saus und Braus zu leben.

Aber er ging nachdenkend umher und litt im Herzen, gleich als von einem Pfeil verwundet. In seiner Seele war es leer und todesbange, Angst und Pein trieb ihn um, denn wohl hatte er die Eitelkeit seiner Träume und Hoffnungen erkannt, allein niemand war da, ihm einen Weg der Rettung zu zeigen. In diesen Tagen mußte Franziskus die Not jener ganzen Zeit in der eigenen Seele erleiden, Schwermut und Todesangst verzehrten ihn, daß er aus verwundetem Herzen um Erlösung zum Himmel schrie. Indem er diesergestalt rang und litt und an seinem Leben verzweifelte, war ihm unbewußt, daß viele Tausende auf Erden diese selben Qualen erlitten und gleich Gefangenen aus dunklen Kerkern emporschrien, noch wußte er oder ahnte, daß er für alle diese Tausende litte und um Erlösung kämpfte.

Es erging an ihn von seinen früheren Freunden und Tafelgenossen eine Einladung, daß er ihnen ein Mahl und Gelage rüste und wieder wie ehemals als ihr Gastgeber und Festkönig sie bewirte und mit ihnen fröhlich sei. Er berief sie alle auf einen gewissen Tag, um ihnen zu Willen zu sein, auch rüstete er ein reiches und kostbares Mahl. Und da sie kamen, riefen sie ihn zum Herrn und

König des Mahles aus und gaben ihm, wie das dazumal eine scherzhafte Sitte war, einen Stab als Zepter in die Hände. Da wurde getafelt und gezecht, unter Lust und Getöse, Bechergeläute und Gelächter, bis tief in die Nacht, und da sie alle trunken und übermütig waren geworden, zogen sie noch mit Geschrei und Singen durch die schlafenden Gassen. Nach einiger Weile bemerkten sie, daß Franziskus nicht mehr bei ihnen war, suchten ihn und fanden ihn schweigend und nachdenkend in einer Gasse stehen.

Sie fielen unter Spott und Lachen über ihn her, der wie verwandelt aussah, denn es war zu dieser Stunde Licht in ihm geworden, und seine bedrückte Seele erblickte in der Ferne einen Ausgang aus ihrer Gefangenschaft und Drangsal. Indessen zerrten und umringten ihn seine trunkenen Kameraden lärmend. »Was träumst Du?« riefen sie spottend, »was sinnst Du für Rätsel, Franz?« Und einer lachte laut und schrie: »Schaut doch, Freunde, ist es nicht gar, als sänne er darauf, ein Weib zu nehmen?« Der Verhöhnte, da er diese Worte vernahm, richtete sich mit einem bleichen, aber fröhlichen Antlitz auf und sprach mit heller Stimme: »So ist es, Du redest wahr. Ich gedenke mir eine Braut zu nehmen, diese ist aber viel edler, reicher und schöner, als Ihr zu denken und Euch vorzustellen vermöget.« Und er lächelte, indem er dies sagte.

Seine Freunde lachten, liefen davon und ließen ihn stehen, er aber tat den närrischen Königsstab aus der Hand, welchen er noch immer bei sich trug, und mit dem Stabe legte er zur Stunde sein bisheriges Leben und seine vergeudete Jugend von sich ab. Die schöne und edle Braut aber, von welcher er gleichnisweise geredet hatte, war die Armut, welcher er von nun an sich innigst zu vermählen gedachte.

Manch einer, dieses lesend, mag ebenso lachen und seinen Kopf als über einen Narren schütteln, wie des Franziskus Freunde taten. Seine Sehnsucht aber hatte das gefunden, wonach sie dürstete und was ihm nicht Weisheit noch Kirche noch Weltlust zu geben vermochten. Indem er nämlich mit Schmerzen sich dessen erinnert hatte, daß der Mensch nichts anderes ist als ein Pilger und flüchtiger Gast auf dieser Erde, irrend zwischen Leben und Tod und keiner Habe je gewiß, warf er mit erneuter Liebesbegierde sich an Gottes Brust und trachtete von nun an, allein aus der Einfalt und Glut seines Herzens den Weg zum Leben zu finden. Seinem mit Heimweh suchenden Auge stellte sich das Bild des Heilandes und seiner ersten Jünger dar, und er beschloß, gleich diesen, aller Fesseln entledigt, nicht dem Gesetze, sondern allein der Liebe anzugehören und sich als ein Kind in Gottes Hand zu geben, der den Tieren des Feldes und den Vögeln des Himmels ihre Speise gibt.

Dieses tapfere Vertrauen ist es, was ihn heiligte und zu einem Tröster und Erlöser für Unzählige gemacht hat, daß er aus seiner Not sich keinen anderen Führer als Gott selbst erwählte. So fand er, was keine Priester und kein Gelehrter jener Zeit gefunden, den verlorenen Weg zu Gott zurück, und darüber ging ihm die Erde nicht verloren, ward ihm vielmehr neu geschenkt, denn sein ungelehrtes Dichtergemüt fand die verlorene Einheit der Welt mit Entzücken wieder, indem es so Zeit wie Ewigkeit mit derselben reinen Liebe umschloß.

Franziskus schenkt einem verarmten Edelmann seinen Mantel.

Von da an wurde der Sohn des reichen Herrn Bernardone, anstatt in der Gesellschaft der adeligen Jugend bei Spiel und Wohlleben, stets allein oder unter den Armen und Elenden gesehen. Denn er schenkte nicht nur jedem Bettler überreich, sondern redete auch herzlich tröstend mit ihm. Ja, die Gewalt seiner demütigen Liebe trieb ihn zu den Niedrigsten und Verachtetsten. Als er einst zu Pferde unterwegs war und einen Aussätzigen am Wege liegen sah, folgte er anfänglich seinem natürlichen Grauen und wendete um; allein bald schämte er sich dessen, schlug denselben Weg nochmalen ein, stieg vom Pferde, beschenkte den Aussätzigen mit seinen Kleidern, redete mit ihm und gab ihm die Hand. Diesen Allerärmsten blieb er von da an in besonderer Liebe treu, und wie denn keine Hingabe und Güte verloren ist und ohne Lohn und Widerhall verbleibt, belohnten diese Ausgestoßenen sein noch ungefestigtes und oft verzagendes Herz mit so zärtlichem Danksagen, daß er bestärkt ward und wahre Tröster an ihnen fand, indessen seine Freunde und auch sein Vater ihn einen Narren schmähten.

Dazwischen trieb ihn sein noch unruhiges Gewissen zu einer Pilgerfahrt nach Rom. Daselbst legte er alles, was er bei sich trug, als Opfer im Dom des heiligen Petrus nieder, vertauschte sein Gewand mit dem eines Bettlers und nahm desselben Stelle ein. Doch erkannte er schnell, daß er in Rom und bei der Pracht der päpstlichen Kurie vergebens Rettung suchte; statt dessen kostete er im Gewand jenes Bettelmannes zum erstenmal die wirkliche Armut und beschloß, ihr auch fürder Treue zu halten.

Nachdem er von Rom zurückgekehrt war, hielt er sich beständig in der Einsamkeit und verweilte zumeist in der Kapelle St. Damian, welche auf einem Hügel nahe der Stadt Assisi liegt. Da fand er in heißem Ringen und Gebete Mut und Freudigkeit und beschloß, alles Vergangene völlig hinter sich zu werfen, allein auf Gott zu vertrauen und ein neues Leben zu beginnen. Von dieser Stunde an erfüllte ihn eine frohe Heiterkeit, so daß er unverzagt alle Erniedrigung und Schmerzen auf sich nahm. Denn sogleich begann eine böse Zeit für ihn.

Er verkaufte, was er im väterlichen Hause noch zu eigen hatte, samt seinem Pferde, und übergab das Geld dem Priester jener Kapelle, denn dieselbe lag verwahrlost und baufällig. Er selber blieb bei dem Priester und begann mit eigenen Händen zu bauen, indem er noch keine andere Weise erfand, seine Liebe zu Gott zu zeigen und sein Leben zum Opfer zu bringen. Vor seinem Vater aber, welcher nun aufs äußerste zürnte und ihn mit Gewalt zu sich zurückholen wollte, verbarg er sich und blieb versteckt, bis er sich dessen schämte, aus seiner Grube hervortrat und mit freiem Mute nach Assisi hineinging, um mit seinem Vater zu reden. In allen Gassen liefen ihm die Leute nach, welche von seinem neuerlichen Wesen gehört hatten und verhöhnten ihn, da sie nicht anders glaubten, denn er habe die Vernunft verloren.

Da er so unter dem Geschrei und Hohn des Volkes herankam, war sein Vater, der Herr Bernardone, dermaßen erzürnt, daß er den Franziskus ergriff, ihn schlug und peinigte und in einem dunklen Winkel seines Hauses einkerkerte. Von da entkam er nach einiger Zeit mit Hilfe seiner Mutter. Darauf verklagte ihn Herr Bernardone bei der Obrigkeit, welche wiederum ihn und seine Sache an das geistliche Gericht verwies. So wurde Franziskus auf einen festgesetzten Tag vor des Bischofs Gericht geladen. Als er dorthin gehorsam und freudig kam, fand er die ganze Stadt aus Neugier und Spottlust daselbst versammelt. Da aber sein Vater ihn mit großem Zorne verstieß und enterbte, legte der Jüngling demütig sogleich seine Kleider von sich, welche Herrn Bernardone zugehörten, übergab sie demselben, stand nackend da und bekannte seinen Vorsatz, er wolle künftig allein dem Vater im Himmel angehören. Da vermochte niemand zu spotten, und der Bischof, über so viel Mut und Glauben erstaunend, hüllte den Entkleideten in seinen eigenen Mantel.

Dieses war des Franziskus Vermählung mit der heiligen Armut. Das Kleinod, welchem er manche Jahre nachgejagt, hatte er nun gefunden: den Einklang seines Gemütes mit Gott und der Welt. Fürder bekümmerte ihn keinerlei äußerliche Sorge mehr; als ein Kind begab er sich in Gottes Schutz und redete mit ihm nicht als mit einem weit entfernten und nie gesehenen Geiste, sondern als mit einem gegenwärtigen, lieben und vertrauten Vater.

Und wie er von klein auf ein Dichter, Träumer und Sänger gewesen war, erquoll nun in seiner befreiten Seele ein neuer Born, von Freuden und Liedern überströmend. Seine Lieder sind von niemandem verzeichnet worden, nur ein einziges ist bis zu uns gekommen. Aber sie drangen weit ins Land und sangen Trost und Lebensmut in tausend beklommene Herzen, sie beweg-

Die Emanzipation. Franziskus gibt seine Kleider dem empörten Vater zurück.

ten müde und verzagte Gemüter zu neuer Lust, sie drangen tief in das aufhorchende Volk und entzündeten eine Glut, wie wenige Sänger jemals entzündet haben.

Franziskus wanderte, seiner gewonnenen Freiheit innig froh, durch die Täler und grünen Hügel des Landes als ein Seliger und Beglückter. Seiner kindlich zärtlichen Liebe erschloß sich die Schönheit dieser Erde als eine neugeschenkte und verklärte Welt; blühende Bäume und weiches Gras, fließende und blitzende Gewässer, Himmelsbläue und ziehende Wolken, Blau der Ferne und Feldergrün und der Lustgesang der Vögel wurden ihm befreundet und geschwisterlich lieb. Denn von seinem Auge und Gehör war ein Schleier gefallen, und er erblickte die Welt entsündigt und heilig, ebenso wie am ersten seligen Tage von Paradiesesglanz verklärt.

Und dies war nicht eine flüchtige Verzückung, Rausch oder Selbstbetrug, denn von jenem Tage blieb Franziskus bis zu seinem Ende, in viel Leid und bitter schweren Zeiten, ein Seliger und Auserwählter, welchem Gottes Stimme aus jedem Halm und Bache erklang und über welchen Schmerz und Sünde keine Macht besaßen. Darum auch haben durch Jahrhunderte ihn Unzählige geliebt und hoch verehrt, sein Bildnis und die Geschichte seines Lebens sind viele tausendmal von Künstlern, Dichtern und Weisen dargestellt und erzählt und besungen und gemalt und gemeißelt worden, wie keines Fürsten und Mächtigen Bild und Taten, und sein Name und Ruf kam als ein Lebenslied und Gottestrost bis in unsere Zeit herüber, und alles, was er sprach und tat, klingt heute so kraftvoll neu wie zu seiner Zeit vor siebenhundert Jahren. Es hat andere Heilige gegeben, deren Seele nicht minder rein und edel war, aber man gedenkt ihrer nur wenig mehr, er aber war ein Kind und Dichter, ein Meister und Lehrer der Liebe, ein demütiger Freund und Bruder jeglicher Geschöpfe, und wenn die Menschen ihn vergäßen, so müßten Steine und Quellen, Blumen und Vögel von ihm reden. Denn als ein echter Dichter nahm er den Bann von allen diesen Dingen, welchen Sünde und Unverstand darüber gelegt, und tat sie neu in ihrer ursprünglichen reinen Schönheit vor unseren Augen auf.

Franziskus war in dieser Zeit eifrig bemüht, die Erneuerung der Kapelle von St. Damian zu vollenden. Als ein Bettler zog er durch seine Vaterstadt und bat jedermann um Geld oder um Steine für den Bau, und obwohl viele ihn schmähten, gaben andere ihm doch, und er vollendete sein Werk. Auch ging er aus, um Öl für die Altarlampe zu bitten, und dabei geschah es einmal, daß er in seinem Bettelgewande (welches ihm des Bischofs Gärtner aus Mitleiden geschenkt) in ein Haus trat, worinnen alle seine vormaligen Kameraden ein Gelage feierten. Er erschrak vor Scham und kehrte um, ermannte sich aber alsdann sogleich aufs neue, trat hinein und bat seine ehemaligen Freunde und lustigen Zechbrüder freundlich und in aller Bescheidenheit um eine Gabe für Gottes Haus, verschwieg ihnen auch seine vorige Schwäche und Umkehr nicht. Und das tat er so ehrlich und von Herzen, daß jene ihm nicht anders als freundlich begegnen konnten.

Auch unter den übrigen Bewohnern der Stadt erschien manchen sein jetziges Wesen nicht mehr ledig

Narrenwerk und Unverstand, sondern es trat ihnen daraus ein Gruß Gottes und seliges Licht entgegen, welchem sie mit Milde und Ehrfurcht begegneten. Die elenden Aussätzigen, zu welchen Franziskus einstmals als ein vornehmer Herr und Rittersmann mit reichen Gaben gekommen war, liebten ihn um nichts minder, da er nun als ein Armer und Bruder sie besuchte. Viele Bürger aber verfolgten ihn weiters mit Hohn und Schimpf, auch sein Vater und sein eigener Bruder verachteten und lästerten ihn, wo sie konnten, und schämten sich seiner.

Nachdem die Erneuerung selbiger Kapelle ihm wohl gelungen war, wandte er sich zu dem Kirchlein der Portiuncula, welches gleichfalls einer Pflege und Wiederherstellung bedürftig war. Und wie man es häufig sehen kann, daß eines Menschen Herz mit besonderer Liebe an irgendeinem Orte hängt, so ward ihm diese Portiuncula für Lebenszeit zu seinem Liebling, wo er stetsfort Einkehr hielt und häufig stille Stunden, Trost und neue Träume und Lieder suchte. Auch diese kleine und bescheidene Kirche richtete er mit Mühen wieder her, und es begab sich in diesem selbigen Heiligtum, daß er Gottes Stimme deutlicher vernahm und das Ziel seines Lebens erblickte. Er verspürte nämlich gar wohl, daß solches äußerliche Werk, wie er bis dahin an der Kapelle und Kirche getan, dem großen Drang seines Herzens nicht Genüge tat. Da erklang ihm des Heilandes Wort: »Gehet hin und prediget und sprechet: das Himmelreich ist nahe herbeigekommen.« Da schlug ihm sein Herz, und er sah im Geiste die Völker der Erde hungern und

Ein Verehrer bittet Franziskus, über seinen Mantel zu schreiten.

dürsten und wehklagende Hände zum Himmel ausstrecken, daß ihnen eine Botschaft der Güte und Liebe werde.

Von da an begann Franziskus zu predigen, und von da an drang seine Stimme milde und stark als ein Liebesruf und lockender Gesang durch die Länder, heilige Sehnsucht aufregend und unzählige dunkle und verirrte Seelen mit dem Licht der Liebe erfüllend. Seine Rede war nicht die eines Schwärmers und Wortemachers, er sprach wie ein Bauersmann mit Bauern und wie ein Städter mit Städtern und wie ein Ritter zu Rittern, er redete mit jedem über das, was sein Herz bewegte, und er redete überall als ein Bruder zu Brüdern, als einer, der gelitten hat, zu Leidenden, als einer, der genesen war, zu den Kranken.

In Assisi begann er zuerst zu reden. Er predigte, wo er einige beisammen stehen fand, auf Märkten und Gassen, an den Toren und Gartenmauern. Sein Wort war einfach und liebevoll; er forderte von keinem zu tun, was nicht er selbst bereit war zu tun, er trug des Erlösers Bild im Herzen und zeigte es jedem: Siehe, das ist Demut, siehe, das ist Geduld, siehe, das ist Liebe! Vielen ging es zu Herzen, nötigte sie zu Nachdenken und Einkehr, und es begann eine schweigende Verehrung den Prediger zu umgeben, von dessen Person und Rede eine Kraft und Wärme ausging als von einem guten und klaren Gestirne. Seine Predigt war anders als der Priester Predigten, denn er hatte als Lehrmeister und Vorbilder nicht Bücher, Kirchenlehrer und Wortweise oder Rhetoren, sondern lediglich sein brennendes Herz und die Vögel des Himmels und die Lieder der vagierenden Sänger.

Auch forderte er keinerlei Ehrfurcht für seine Person, welche er vielmehr willig jedem untertan machte und zu Dienste gab. Aber sein Antlitz war voll fröhlicher Güte, und sein Auge leuchtete von einer stetigen und reinen Flamme, und er warb um eines jeden Seele mit Ernst und mit lieblicher Verlockung, mit Gleichnissen und Liedern, wie ein Liebender die Geliebte ruft und wie eine Mutter um ihre Kinder unablässig sorgt und wirbt. Und wenn er geredet hatte, sah man ihn nicht stolz hinwegschreiten und müßig laufen, sondern jedermann konnte sehen, daß er ein hartes Leben führte, emsig arbeitete, allen Bedürftigen sich hingab und ohne Scheu im Siechenhause bei den armen Aussätzigen aus und ein ging.

Nach einiger Zeit gesellte sich zu ihm ein Genosse und Bruder, von welchem uns aber nichts weiteres berichtet ist. Alsdann kam eines Tages Herr Bernhard von Quintavalle zu ihm und bat ihn, daß er eine Nacht im Gespräche mit ihm hinbringe. Dieser Herr Bernhard war ein vornehmer und sehr reicher Bürger von großem Ansehen. Mit selbigem redete Franziskus jene ganze Nacht gütige und ernste Worte, und danach ging dieser Bernhard dahin, verkaufte sein Hab und Gut, soviel er hatte, und verteilte alles unter die Armen. Alsdann folgte er seinem Freunde nach, und Franziskus erbaute für sich und beide Jünger schlichte Rohrhütten neben der Portiuncula. Bald schon gesellte sich ein Jüngling mit Namen Egidius zu denselbigen, und nun zogen sie, vereinigt oder einzeln, hin und wieder durch das umbrische Land. Sie arbeiteten hier und dort bei den Landleuten auf dem Felde, wofür sie an Geldes Statt nur eine geringe Mahlzeit nahmen, und nach der

Arbeit redeten sie mit den Leuten, predigten und sangen ihnen Lieder vor.

Darob nannte Franziskus sich und seine Brüder gerne joculatores Domini, das ist Spielleute Gottes, indem er selbst als ein Troubadour und singender Pilger Gottes Lob verkündete. Gewißlich war dieses in seinem Leben die fröhlichste Zeit. Ein Gast und Wandersmann pilgerte er dahin, gleich einem Spielmann und singenden Vogel, jedermann zu Dienst erbötig, seligen Herzens, und beschenkte jeden mit Güte und Trost, mit Handreichung und Rat, indem er mit den Arbeitern arbeitete, den Trauernden gütige Worte und den Fröhlichen heitere Lieder gab. Im Volk wurde er bald, wie auch heute noch, um seiner freiwilligen Armut willen mit scherzhafter Zärtlichkeit »il Poverello« genannt.

An schweren Stunden und Anfechtungen fehlte es freilich keineswegs. Die Familien, deren Söhne dem Franziskus nachgefolgt waren, schalten ihn einen Verführer der Jugend und Verächter der Kindesliebe, andere fürchteten, ihre Kinder auch an ihn zu verlieren. Jedoch begegneten die Brüder aller Feindschaft und Verachtung mit Schweigen und Demut, und durch das ganze umbrische Land geschah ein Erstaunen und eine Bewegung des Volkes über diese Männer. Viele nahmen sie auf und beherbergten sie mit solcher Freundlichkeit, daß die Brüder von Herzen dankbar waren, Geld aber und anderen Besitz, welcher ihnen dargeboten ward, nahmen sie nicht an, sondern verharrten redlich in Christi Armut, jedes Tages Sorge Gott allein vertrauend.

Von ihren Wanderzügen kehrten die Brüder stets wieder zur Portincula bei Assisi heim, trösteten sich daselbst

Das Quellenwunder. Ein verdurstender Bauer kann sich, auf die Fürbitte des Franziskus hin, an einer frisch entsprungenen Wasserquelle laben.

und wurden ihrer Liebe und Freundschaft herzlich froh. An Zahl aber waren sie nun zwölfe geworden.

Bis dahin hatte Franziskus nach keinem anderen Ziele gestrebt, als die Begierde seiner Seele zu erfüllen und sich in unbegrenzter Hingabe seines Gottes zu freuen, den Menschen Gutes zu tun und ihnen die Botschaft der Liebe zu predigen. Nun aber waren elf Jünger und Freunde um ihn versammelt, welche gleich ihm Haus und Habe willig verlassen hatten und mit Lehre und Predigt herumzogen. Es geschah hier und dort, daß die bestellten Priester der Kirche sie scheel betrachteten und ihnen die Predigt verboten. Und in Wahrheit konnte das Wesen und die Lehrweise der Brüder vielen wohl als ein Ketzertum erscheinen, gleichwie im Norden das Wesen und Tun der Waldenser.

Dieses begann dem Franziskus als eine Last auf der Seele zu liegen. Sein kindliches Herz, welchem er in einfältigem Vertrauen gefolgt war, sollte nun so vielen Jüngern ein Führer sein, und seine von Liebe brennende Seele sollte für alle die Brüder, welche sie an sich gezogen, Verantwortung tragen. Er hatte niemals gedacht, ein Ketzer oder Prophet oder Neuerer zu sein, denn sein schlichter Kindersinn hing an den Ordnungen der Kirche mit treulichem Glauben. Nun aber ging eine Macht von ihm aus, welche stärker war als die Macht der Priester, und er sah eine Gemeinde um sich heranwachsen, gleich als hätte er sie der Kirche entrissen, welche er doch als eine Mutter ehrte. Als er dieses erkannte, überfielen ihn dunkle Sorgen, und sie blieben bei ihm. Von da an lastete die Größe seiner Macht auf ihm, denn seine Ab-

Franziskus erscheint seinen Mitbrüdern in Arles.

sicht war, die ganze Menschenwelt zu lieben und aus seiner Fülle zu beschenken, aber nicht zu regieren. Wie sollte der demütigste aller Menschen ein Haupt und Herr einer Gemeinde sein?

In solchen Sorgen fand er nicht anders Trost, als daß er beschloß, nach Rom zu ziehen und für sich und seine Brüder die Erlaubnis und Billigung des päpstlichen Oberhirten zu erbitten. Er machte sich also mit seinen Gefährten allsogleich auf den Weg, wählte jedoch zum Anführer der Reise nicht sich selber, sondern den Bruder Bernhard von Quintavalle. Also kamen sie nach Rom.

Dieses geschah im Jahre des Heils 1210, und es regierte um dieselbe Zeit zu Rom der Papst Innozenz der Dritte. Dieser war nun fast in allen Dingen das Widerspiel des Franziskus, übrigens nicht in bösem Sinne. Nur fehlte ihm die Liebe und Milde des Gemütes, denn er war nicht ein sanfter Hirte, sondern vielmehr ein gewaltiger Streiter und Gebieter, welcher die vielfältig bedrohte römische Kirche mit großer Kraft verwaltet und zu erneuter Ehre und Weltmacht erhoben hat. So geschah es als ein Wunder Gottes, daß um dieselbe Zeit ein streitbarer Herr Papst die Kirche aus weltlicher Unmacht errettete und zu hohem Glanze förderte, indessen hinwiederum der gütige und bescheidene Umbrier sie mit einem neuen Geist der Liebe erfüllte.

In Rom erhob sich kein kleines Verwundern über diese zwölf Männer aus Assisi, welche keine andere Gunst und Gnade begehrten, als daß sie ein Leben in Armut und Entsagung führen und des Heilandes Lehre ohne Lohn verkünden dürften. Dennoch erkannte der Papst, und auch der Herr Kardinal Giovanni von San

Paolo, daß diesen armen und ungelehrten Menschen eine gewaltige Macht inwohnte, und der Heilige Vater begann, dieser Sache ernsthaft nachzudenken. Franziskus hatte für seine Brüderschaft eine kurze und einfache Regel aufgeschrieben, welche fast nur aus Stellen des Evangeliums bestand und welche er den Papst zu bestätigen bat, auch redete und predigte er vor demselben mit Kühnheit und großer Wärme. Trotz dessen vermochte der Papst sich nicht so bald zu entscheiden, und die Brüder wurden lange hingehalten und zu vielen Malen befragt und ermahnt und verloren fast den Mut. Doch am Ende tat jener Kardinal Giovanni eine Rede zum Heiligen Vater des Inhalts, es möchte unmöglich sein, daß die heilige Kirche eine Regel nicht bestätige, welche doch rein und lauter auf den Worten des Evangeliums beruhte. Da widerstand der Papst Innozenz nicht länger, sondern segnete den Franziskus, lobte und ermahnte ihn und gab ihm Lizenz, sein bisheriges Tun und Predigen weiter so zu üben.

Der prächtigen Stadt Rom und dem päpstlichen Hofe gern entronnen, begaben sich die Freunde auf die Heimreise, und obwohl sie aus Mangel an Trank und Nahrung in der heißen Campagna dem Verschmachten nahe kamen, freuten sie sich doch ihrer Freiheit und innigen Brüderlichkeit mit fröhlichem Herzen. Nach ihrer Gewohnheit hielten sie sich hier und dort in Städten und Dörfern auf, arbeitend, singend und predigend. Nicht anders als ein Frühling und junger Mai kam diese Gemeinschaft freudiger Pilger über die Gegenden, Trost und Leben spendend und in vielen Menschen eine Gottesahnung und Verjüngung der Seele erweckend.

Da sie wieder gegen Assisi kamen, nahmen sie ihren Wohnsitz in einer leeren Hütte, welche man Rivo torto nannte. Dort war berganwärts eine einsame und wilde Gegend, in welche Franziskus sich oftmals einige Tage zu Gebet und Sammlung begab. Denn zwar haßte er den Müßiggang streng und wendete seine ganze Kraft dem Dienst des Nächsten zu, doch war sein Gemüt überaus zart und fein und hat täglich unter dem Anblick des menschlichen Elendes tief gelitten. Dergestalt verwundet, zog er sich häufig still in die Einsamkeit zurück und ließ sein ermüdetes Herz an den Quellen des Lebens rasten und jung werden.

Sich täglich am Leben der Natur zu verjüngen und gleichsam Kräfte der Erde in sich zu ziehen, diese wunderbare und herrliche Kunst, welche man nur bei Dichtern und wahrhaft Seligen findet, hat er beständig als ein unvergleichlicher Meister geübt. Wie ein Kind und wie ein Weiser redete er mit Blumen, Gräsern, Wellen und allerlei Tieren, sang ihnen preisende Lieder, liebte und tröstete sie, freute sich mit ihnen und nahm an ihrem schuldlosen Leben teil. Dieses ist aber nur den Lieblingen Gottes gegeben, daß ihnen Sinne und Herz nicht altern und lebenslang so frisch und dankbar als bei Kindern bleiben. Eine wahrhaftige und lautere Güte des Herzens ist wie ein magisches Geheimnis Salomonis, welches dem Menschen die Sprache der Tiere und das innere Wesen der Pflanzen, Bäume, Steine und Berge erschließt, so daß vor seinen Augen die vielfältige Schöpfung als eine völlige Einheit liegt und keine verborgenen und feindlichen Klüfte und Schattenreiche hat. Franziskus verstand, als ein solcher Liebling Gottes, die

Franziskus predigt dem Papst Honorius III.

Schönheit der Erde wie nur selten ein anderer Dichter sie verstand, er liebte jedes große und kleine Geschöpf, sie aber liebten ihn wieder und gaben ihm Antwort. Wenn er müde war, mit Menschen zu reden, ging er zu den Wiesen, Wäldern und Tälern und vernahm in Quellen und Winden und Vogelgesang die süße, mächtige Sprache des Paradieses. Er wußte gar wohl, daß nichts auf Erden ohne eine Seele ist, und er begegnete jeder Seele, auch der Gräser und Steine, mit brüderlicher Ehrfurcht und Liebe.

Auch in anderen Dingen war Franziskus keineswegs ein finsterer Büßer und Weltverleugner, vielmehr liebte er sehr ein scherzhaftes Wort, eine heitere Ermunterung, und hat auch an schweren Leidenstagen niemandem je eine düstere Miene gezeigt.

Da man zu Assisi vernahm, er habe des Papstes Erlaubnis zum Predigen erlangt, erhob sich eine ungeheure Begierde im Volke, ihn zu hören, und er mußte (die anderen Kirchen waren zu klein) im Dome reden. Da riß die Gewalt seiner Inbrunst die große Menge mit sich dahin als ein Sturmwind. Zu jener Zeit war wiederum ein schwerer Hader zwischen dem armen Volke und den vornehmen Adeligen und Herren von Assisi im Gange. Des Franziskus Rede und Beispiel tat aber so mächtige Wirkung, und es hingen schon so viele mit Treue an ihm, daß beschlossen ward, er möge der Schiedsrichter unter den kämpfenden Parteien sein. Die ganze Stadt fügte sich willig seinem milden Urteilsspruch, worin er die Feinde versöhnte und den Armen gute Vorteile vergönnte, und es ward zwischen Adel und Volk ein Vertrag und Bündnis aufgesetzt und treulich erfüllt. Viele

Franziskus vernimmt in San Damiano die Worte: »Geh, und stelle mein Haus wieder her!«

Verbannte kehrten heim, und die Stadt war voll Dank und Freude. Immer mehrere gesellten sich nun zu des Franziskus Gefährten. Seine Brüderschaft aber nannte er den Orden der Minoriten, das ist der Geringen. Das ganze Volk liebte und verehrte ihn mehr und mehr und es gab viele, welche ihn schon zu jener Zeit einen Heiligen nannten.

Es wurde ihm das Kirchlein der Portiuncula überlassen, neben selbigem erbauten sich die Brüder, deren Zahl sich täglich mehrte, kleine Hütten und wohnten daselbst. Ihren Führer verehrten sie als einen Herrn und Vater, er aber trachtete nicht zu regieren und Gebote zu geben, sondern ließ jeden nach seiner Art gewähren. Wer ein Handwerk verstand, der übte sein Handwerk, wer die Gabe zu reden hatte, der predigte, und wessen Gemüt nach Stille in Gott verlangte, der suchte die Einsamkeit. Es lag bei der Portiuncula ein Wald, und in diesem Walde hatten die Brüder ihre Gespräche mit Franziskus und untereinander. Hin und wieder trat ein Gast herein, begrüßte den Franziskus und sprach, ihn verlange danach, sein Bruder zu werden. Und dieses stand ohne weitere Prüfungen jedem frei, sobald er sein Gut den Armen gab, nichts für sich behielt und das Gelübde der Armut ablegte. Und es waren Bauern, Städter und Adelige, auch ehemalige Priester unter den Genossen, gelehrte und einfältige, feine und grobe, und alle lebten als Brüder miteinander, jeder den anderen dienend.

Im Jahre des Heils 1212, da Franziskus im Dom von Assisi dem Volke predigte, befand sich unter den Zuhörenden ein junges Mädchen aus dem vornehmen Hause

Franziskus bekennt seinen Glauben vor dem Sultan von Ägypten.

der Sciffi, diese hieß Klara. Derselbigen gingen seine Worte so zum Herzen, daß sie mit ihm zu reden begehrte, und darauf entsagte sie allem, was sie besaß und begab sich in seinen Dienst. Er brachte sie, da er keine andere Unterkunft wußte, in ein Kloster der Benediktiner. Bald aber kamen noch mehrere Frauen mit demselben Verlangen, und es erstand eine Schwesterschaft, welche ihren Wohnsitz zu St. Damian erhielt und deren Dienst vor allem den Kranken gewidmet war. Die Gemeinschaft wuchs immer schneller, und bald waren es viel hundert Brüder und Schwestern.

Von dieser Zeit an verzehrte das Anwachsen und die Leitung des Minoritenordens die besten Kräfte des Franziskus, so daß von seiner Person nicht gar vieles mehr zu berichten überbleibt. Wir haben jedoch eine Menge von kleinen Geschichten und Legenden über ihn überkommen, welche von seinen Genossen aufgezeichnet wurden. Mehrere von diesen Historien findet man im folgenden Kapitel erzählt, die weitere Geschichte des Franziskanerordens aber möge man in den Kirchenhistorien nachlesen, da dieselbe nicht hierher gehört.[1]

Wie sehr Franziskus alle Tiere liebhatte, und besonders die Vögel, davon reden viele Geschichten und Legenden. Von Siena brachte er einstmals Turteltauben mit, baute selbst ihnen Nester und hatte samt den Brüdern

1 Hier seien mit Nachdruck die beiden reifsten und edelsten Werke der modernen Franziskusliteratur empfohlen: P. Sabatier, »La vie de St. François d'Assise« und H. Thode, »Franz von Assisi und die Anfänge der Kunst der Renaissance in Italien«.

Die Stigmatisierung des heiligen Franziskus.

seine Freude an ihrem Wesen. Ein anderes Mal schenkte ein Fischer ihm einen schönen Fisch, den er soeben gefangen hatte. Franziskus dankte ihm, nahm den Fisch und entließ ihn sogleich wieder ins Wasser. Im Kloster zu Rieti wohnten viele Vögel, mit welchen die Minoriten gute Freundschaft halten mußten.

Franziskus war nun zu einem Vater von Tausenden geworden, und viele schwere Sorgen lagen auf ihm, so daß er oft todesmüde ward. Seine Liebe und demütige Bereitschaft zu jeder Hilfe verminderte er darüber niemals, doch flüchtete er sein bedrängtes Herz noch öfter und inniger als zuvor in die Stille und Einsamkeit.

Im Sommer des Jahres 1224 begab er sich, voll dunkler Sorgen und vielleicht mit dem Vorgefühl seines Todes, auf den Berg Alverno, den er liebte. Er war so müde, daß er wider seine Gewohnheit auf einem Maultier reiten mußte. Da er den Berg erreichte, welcher voll großer Wälder war, begrüßten ihn unzählige Vögel und setzten sich auf seine Schultern und Hände, bis er sie segnete und entließ. Denn die unvernünftige Kreatur fühlte seine Liebe wohl und hatte keine Scheu vor ihm.

Daselbst ließ er die drei Brüder, welche ihn geleitet hatten, hinter sich und ging allein in den Wald, baute sich eine kleine Hütte und verblieb dort eine längere Zeit in heiligen Gedanken. In den Legenden aber steht berichtet, es sei ihm daselbst der Gekreuzigte erschienen und habe seinem Leibe die heiligen Stigmen verliehen. Nicht lange darauf befiel ihn noch größere Schwäche und eine schmerzhafte Krankheit der Augen, an welcher er lange zu St. Damian niederlag. In allen Schmerzen lächelte er beständig, pries und lobte Gott, und wenn er

Der Tod des heiligen Franziskus.

allein und blind in seiner Hütte lag, sang er begeisterte Lieder. Dort dichtete er auch den »Sonnengesang«.

Alsdann brachte man ihn nach Monte Colombo und nach Rieti. Sein Leiden war noch übler geworden, und die Ärzte wußten keinen anderen Rat, als daß sie ihm die Stirne mit einem glühenden Eisen brannten. Da sie mit dem schrecklichen Werkzeug an sein Lager traten, begrüßte der Todeskranke das Feuer und rief: »O, Bruder Feuer, du bist schön unter allen Geschöpfen, und ich habe dich immer liebgehabt, darum sei auch du mir nun gnädig!« Danach bat er einen Bruder, er möge ihm Musik vorspielen; der Bruder scheute sich aber dessen und wollte es nicht tun. Da hörte Franziskus in der Nacht einen Engel Gottes süße, unbeschreiblich köstliche Weisen aus dem Paradiese spielen.

Da es Winter ward und der Kranke von der Kälte litt, brachte ein Bruder ihm das Fell eines Fuchses und wollte es ihm innen in seine Kutte nähen. Er befahl aber, es müsse so angenäht werden, daß jeder es auch von außen möge sehen können, damit er nicht als ein Heuchler erfunden würde.

Nun fühlte er sein Ende nahe und ließ sich unter großen Qualen heimwärts nach Assisi bringen. Auf dem Totenbette diktierte er noch einen Brief, worin er mit überwallendem Herzen die ganze Menschheit auf den Knien anfleht, ihrer Seele zu gedenken. Er beginnt: »Ich, Bruder Franz, euer geringer Diener und bereit, eure Füße zu küssen, bitte und beschwöre euch bei jener Liebe, welche Gott selbst ist, diese Worte anzunehmen!«

Da er seinen Arzt befragte, wie lange er noch zu leben habe, und dieser ihm sagte, nur noch eine kleine Zeit, da breitete er die Arme aus und sagte: »Ich heiße dich willkommen, Bruder Tod.« Dann fing er an zu singen, und auch die anwesenden Freunde mußten mitsingen.

Wenige Tage vor seinem Ende ließ er sich in die Portiuncula bringen, welche er recht als seine Heimat betrachtete und liebhatte. Da lag er, den Tod erwartend, lächelnd und voller Güte, und redete noch manche tröstliche Worte zu seinen Gefährten. Sie mußten ihm noch einmal die laudes creaturarum vorsingen, und er segnete sie und auch die entfernten Brüder und Schwestern, ja alle Menschen, so daß von seinem Sterbelager noch ein Strom von Liebe ausging. Danach starb er, am 3. Oktober 1226, gegen den Abend. Und im Augenblicke, da er verschied, ließ sich auf dem Dach seiner Hütte eine große Schar von Lerchen nieder, welche einen lauten Gesang anstimmten.

Legenden

Sankt Franziskus erklärt dem Bruder Leo, was vollkommene Freude ist

Es wanderte einstmals St. Franziskus, da es Winterszeit war, mit dem Bruder Leo des Weges von Perugia nach Santa Maria zu den Engeln, und litt nicht geringe Not von der strengen Kälte. Da rief er den Bruder Leo an, welcher ihm vorauswandelte, und sprach zu selbigem: »Bruder Leo, wenn auch unsere Brüder allerorten ein großes Vorbild der Heiligkeit und Erbauung geben, trotzdem schreibe Du und bewahre es wohl im Geiste, daß hierin nicht vollkommene Freude zu finden sei.« Und nach einer Strecke Weges rief er abermals: »O Bruder Leo, wenn unsere Brüder die Blinden und Krüppel heilten und die Dämonen austrieben und den Tauben zu hören, den Lahmen zu gehen und den Stummen zu reden verliehen, ja, wenn sie, was noch mehr ist, Gestorbene nach vier Tagen auferweckten – schreibe, daß auch dieses nicht vollkommene Freude ist.« Und abermalen nach einer Weile rief er laut: »O Bruder Leo, wenn die Minoriten sich auf alle Sprachen und Wissenschaften verstünden, so daß sie weissagen könnten und nicht allein die zukünftigen Dinge, sondern auch die Geheimnisse der Herzen und Gewissen zu offenbaren vermöchten – schreibe, daß auch dieses nicht vollkommene Freude ist.« Und nochmals weiterschreitend rief St. Franziskus: »O Bruder Leo, Du Schäflein Gottes, wenn unsere Brüder auch der Engel Sprache redeten und wenn sie den Gang der Sterne und die Kräfte der Gewächse kennten, wenn ihnen alle Schätze der Erde offenbar wären und wenn sie die Kräfte der Vögel und der Fische, auch aller Tiere und Menschen, der Bäume und Gesteine, Wurzeln und Gewässer wüßten – schreibe, daß dies nicht die vollkommene Freude ist.« Und wiederum ging er weiter und rief wiederum: »Bruder Leo, wenn unsere Brüder auch so gut zu predigen verstünden, daß sie alle Ungläubigen bekehrten – schreibe, daß auch dies nicht die vollkommene Freude ist.«

Unter solchem Gespräche waren sie wohl zwei Meilen gewandert, da sprach Bruder Leo, mit großer Verwunderung fragend, zu ihm: »Vater, ich flehe Dich um Gottes willen, daß Du mir sagst, was denn die vollkommene Freude sei.« Und St. Franziskus antwortete ihm: »Wir werden in Santa Maria ankommen, durchnäßt vom Regen und steif von der Kälte, mit Schmutz bedeckt und von Hunger verzehrt, und werden anklopfen, und der Pförtner wird zornig sein und sagen: Wer seid Ihr? – Und wir antworten: Zwei von Euren Brüdern. Und wenn er dann erwidert: Was Ihr sagt, ist gelogen, Ihr seid vielmehr zwei Landstreicher, welche umherziehen und die Welt betrügen und die Armen um ihre Almosen bringen, geht fort von hier! – Und wenn er uns alsdann nicht öffnet, sondern läßt uns draußen stehen in Schnee und Regen, auch Hunger und Frost bis in die Nacht – und wenn wir alsdann solches Unrecht und Mißhandlung in Geduld ertragen, ohne zu zürnen, und wenn wir denken, daß der Pförtner recht habe, uns als so Unwürdige zu erkennen, und daß Gott ihn so reden heißt – o Bruder Leo, schreibe, daß dieses vollkommene Freude ist. Denn höre, Bruder Leo! Höher als alle Gaben und Segnungen des Geistes, welche Christus den Seinen verleiht, ist dieses: sich selbst überwinden und gern aus Liebe zum Heiland Strafe und Schimpf und Leiden erdulden.«

Wie St. Franziskus dem Bruder Masseo antwortete

Einstmals verweilte St. Franziskus in dem Kloster Portiuncula mit dem Bruder Masseo von Marignano, welchen er überaus liebhatte. Eines Tages nun, da St. Franziskus aus dem Walde heimkehrte, wo er gebetet hatte, und am Rande des Waldes stand, wollte eben jener Bruder Masseo seine Demut auf eine Probe stellen. Also trat er gegen ihn hin und rief scheltenderweise ihm zu: »Warum Dir? Warum Dir? Warum Dir?« Antwortete St. Franziskus: »Was will diese Deine Rede bedeuten?« Sprach Bruder Masseo: »Das bedeutet: warum läuft denn Dir alle Welt nach, so daß, wie es scheint, jedermann danach verlangt, Dich zu sehen, Dich zu hören und Dir zu dienen? Dein Körper ist nicht so sonderlich schön und reizend, auch bist Du nicht in Wissenschaften gelehrt, noch auch von hohem Adel, warum denn also geschieht es, daß gerade Dir alle Welt nachläuft?«

Da St. Franziskus dieses vernahm, ward sein Geist höchlich erfreut, und er wendete sein Angesicht gen Himmel und blieb also eine Weile stehen, indem seine Seele bei Gott einkehrte. Alsdann kniete er nieder, pries Gott mit Danken und Loben und hernach wendete er sich mit großer Freudigkeit zu dem Bruder Masseo und sprach zu ihm: »Willst Du erfahren: Warum mir? Warum mir? Warum mir? Warum alle Welt mir nachlaufe? Das gab mir der höchste Gott, dessen Augen überall die Guten und die Bösen erkennen, und seine heiligen Augen erfanden unter allen Sündern keinen schlimmeren, keinen geringeren und keinen ärmeren denn mich. Gott hat, um sein Wunderwerk zu vollbringen, kein schwächeres Wesen auf der Erde gefunden. Dieserhalb hat er mich erwählt, um die Herrlichkeit und Weisheit der Welt zu beschämen, auf daß man nämlich erkenne, daß alle Macht und alles Gute nur von ihm komme, nicht von dem Geschöpfe, und damit niemand sich rühmen und überheben möchte.« Da verwunderte sich Bruder Masseo und erkannte mit Gewißheit, daß St. Franziskus von echter und lauterer Demut wäre.

St. Franziskus gebietet den Schwalben und predigt den Vögeln

St. Franziskus kam zu dem Schloß Savurniano und schickte sich an, daselbst zu predigen. Es sangen aber und lärmten im Hofe sehr viele Schwalben. Da befahl er ihnen, sie sollten so lange schweigen, bis er gepredigt hätte, und die Schwalben gehorchten ihm.

Und danach gelangte er in die Gegend zwischen Cannajo und Bevagno, und während des eifrigen Wanderns hob er seine Blicke auf und sah Bäume am Wege stehen, auf denen saßen sehr große Scharen von Vögeln. Darob erstaunte St. Franziskus und redete so zu seinem Gefährten: »Warte hier an der Straße auf mich, ich will hingehen und meinen lieben Geschwistern, den Vögeln, predigen.« Also ging er in das Feld hinein und begann zu den Vögeln zu reden, welche sich dort befanden. Da kamen allsogleich auch jene Vögel von den Bäumen herbei, und alle verhielten sich sehr still, bis er seine Predigt endete, und flogen erst dann hinweg, nachdem er sie auch noch gesegnet hatte. Und, wie Bruder Masseo später erzählt hat, ging St. Franziskus unter den Vögeln umher und berührte ihre Köpfe und streichelte sie, ohne daß einer davonflog.

Er predigte ihnen aber namentlich solche Worte: »Ihr Vögelein, meine Brüder, ihr sollt immerdar und an allen Orten Gott preisen, denn er hat euch die Freiheit gegeben, daß ihr nach Belieben möget fliegen und schweben, auch gab er euch ein gutes und schönes Gewand. Dazu hat er euch das Element der Luft überlassen, wofür ihr ihm danken sollt. Ihr säet ja nicht und erntet nicht, und Gott ernährt euch und gibt euch zum Trank die Flüsse und die Quellen, auch gibt er euch zur Zuflucht die Berge und Täler und die hohen Bäume, eure Nester darauf zu bauen. Euer Schöpfer hat euch herzlich lieb, darum dankt ihm und seid stets eifrig, ihn zu loben.«

Als St. Franziskus also zu ihnen redete, öffneten alle die Vögel ihre Schnäbel und streckten ihre Hälse, breiteten die Flügel aus, neigten ihre kleinen Köpfe bis zur Erde und sagten ihm durch Gebärden und durch Zwitschern, daß er ihnen sehr große Freude gewähre. Und St. Franziskus freute sich mit ihnen allen, er ergötzte sich sehr an der so großen Vogelschar, an ihrer Schönheit und Mannigfaltigkeit, auch wie sie so zutraulich und aufmerksam waren, worüber er voll Andacht in ihnen den Schöpfer lobte.

St. Franziskus deutet dem Bruder Leo eine Erscheinung

Einmal war St. Franziskus schwer krank, und Bruder Leo bediente ihn. Da geschah es, daß dieser Bruder ein Gesicht hatte und sah im Geiste einen überaus breiten und reißenden Strom. Da er betrachtete, wer über den Srom hinübergehe, sah er mehrere Ordensbrüder in diesen Strom hineingehen, und sogleich wurden sie von der Gewalt der Strömung dahingerissen und ertranken. Einige andere gelangten bis zu einem Drittel des Stromes, andere bis zur Mitte, einige bis nahe an das Gestade, aber alle wurden doch entrissen, sowohl durch die Gewalt des Stromes als auch darum, weil jeder ein Bündel auf dem Rücken trug. Als Bruder Leo solchem zuschaute, empfand er ein tiefes Erbarmen mit den Brüdern. Aber während er noch also dastand, siehe, da kam plötzlich eine Schar von Brüdern, welche keinerlei Last noch Bündel an sich hatten, und gingen in den Fluß hinein und kamen unversehrt hinüber.

Nach diesem Traum erwachte Bruder Leo. Und nachdem er die ganze Erscheinung erzählt hatte, sprach St. Franziskus: »Was Du geschaut hast, ist wahrhaftig so. Der große Strom ist diese Welt. Die Brüder, welche darin ertranken, das sind jene, welche das Gelübde der Armut nicht innegehalten haben. Jene aber, die ohne Not hinübergelangten, das sind die Brüder, welche in

Franziskus predigt den Vögeln.

dieser Welt keinerlei Güter suchen und besitzen. Darum gehen sie auch leicht aus der Zeit in die Ewigkeit hinüber.«

Des St. Franziskus Falke auf dem Berg Alverno

Da der selige Franziskus auf dem Berg Alverno verweilte, welches die schmerzlichste und heiligste Zeit seiner Pilgerfahrt gewesen, und daselbst allein in einem Hüttlein wohnte, jedoch krank und sehr schwachen Leibes war, konnte er des Morgens nicht früh genug zum Matutingebet erwachen. Es kam aber jeden Morgen zur rechten Stunde ein Falke und weckte ihn, indem er sang und an die Hütte pochte, und er entfernte sich nicht eher, als bis St. Franziskus sich zum Frühgebet erhoben hatte. Wenn er aber einmal allzu müde und krank war, so sang der Falke, gleich als wäre er ein vernünftiges und mitleidsvolles Wesen, zu einer etwas späteren Stunde. Und auch bei Tage ging St. Franziskus vertraulich mit dem edlen Vogel um.

Und da er den Berg Alverno verließ, nahm er von den Felsen und Wäldern und von dem Bruder Falken herzlichen Abschied, und zu dem Berge sprach er: »Gott behüte dich, du Berg Alvernus, lebe wohl und Friede sei mit dir, du gesegneter Berg, denn ich werde dich niemals wiedersehen.«

Die laudes creaturarum

Da Franziskus krank zu St. Damian lag und von der heiligen Klara gepflegt ward, litt er große Qualen und verspürte des Todes Schatten über sich. Dennoch war er freudigen Mutes und sprach: »Ein kleiner Sonnenstrahl ist mächtig genug, um gar viel Finsternis zu erhellen.« Er sang und dichtete bei Tage und bei der Nacht, denn er gedachte an alle Schönheit der Erde und an alle Tröstung und Gnaden, womit ihn sein guter Gott gesegnet, an seine vielen Brüder und an die Berge und Täler der Einsamkeit, wo er Gott geschaut hatte, auch an die Flüsse und Fluren sowie Tiere und Vögel, woran er seine Freude und Erquickung gehabt. Und eines Tages, da er beten wollte, sang er an Betens Statt ein Lied, darin er alle Kreaturen ermahnte, den Herrn zu preisen. Dieses sind die laudes creaturarum, welche man auch Franzisci »Sonnengesang« nennt (von allen seinen Liedern das einzige, welches uns erhalten worden) und lauten also:

Altissimu, onnipotente, bon signore,
tue so le laude la gloria
e l'onore et onne benedictione.
Ad te solo, altissimo, se konfano
et nullu homo e ne dignu te mentovare.

Laudato si, misignore, cum tucte le tue creature,
spetialmente messor lo frate sole,
lo quale iorno, et allumini per loi;
et ellu ebellu eradiante cum grande splendore;
de te, altissimo, porta significatione.

Laudato si, misignore, per sora luna e le stelle,
in celu lai formate clarite et pretiose et belle.

Laudato si, misignore, per frate vento
et per aere et nubilo et sereno et onne tempo,
per loquale ale tue creature dai sustentamento.

Laudato si, misignore, per sor acqua,
laquale e multo utile et humile et pretiosa et casta.

Laudato si, misignore, per frate focu,
per loquale ennallumini la nocte,
ed ello ebello et iocundo et robustoso et forte.

Laudato si, misignore, per sora nostra matre terra,
la quale ne sustenta et governa
et produce diversi fructi con coloriti flori et herba.

Laudato si, misignore, per quelli ke perdonano per lo tuo amore
et sostengono infirmitate et tribulatione;
beati quelli ke sosterrano in pace
ka da te, altissimo, sirano incoronati.

Laudato si, misignore, per sora nostra morte corporale,
da la quale nullu homo vivente po skappare;
guai acquelli ke morrano ne la peccata mortali;
beati quelli ke se trovarane le tue sanctissime voluntati,
ka la morte secunda nol farra male.

Laudate et benedicete misignore et rengratiate
et serviteli cum grande humilitate.

Das ist, wortgetreu verdeutscht:

Höchster, allmächtiger, gütiger Herr!
Dir gehören Preis, Ruhm, Ehre und jeglicher Segen.
Dir allein geziemen sie, Höchster,
Und kein Mensch ist wert, Dich zu nennen.

Gepriesen seist Du, o Herr, mit allen Deinen
Geschöpfen,
Vornehmlich mit unserem Herrn Bruder,
dem Sonnengestirn,
Welches den Tag schafft und uns erleuchtet durch ihn.
Es ist schön und strahlend mit großem Glanze,
Ein Gleichnis Deiner, o Höchster.

Gepriesen seist Du, o Herr, durch Schwester Mond
und die Sterne,
Du hast sie am Himmel gebildet helle, köstlich
und schön.

Gepriesen seist Du, o Herr, durch den Wind,
unseren Bruder,
Auch durch die Luft und durch die Wolken und heitere
und jegliche Witterung,
Durch welche Du Deinen Geschöpfen Erhaltung
gewährst.

Gepriesen seist Du, o Herr, durch unsere Schwester,
das Wasser;
Sehr nützlich ist es, demütig, kostbar und keusch.

Gepriesen seist Du, o Herr, durch unseren Bruder,
das Feuer,
Durch welches Du die Nacht helle machst;
Schön ist es und freudespendend, stark und gewaltig

Gepriesen seist Du, o Herr, durch unsere Schwester
und Mutter Erde,
Die uns erhält und regiert
Und mannigfache Früchte hervorbringt und bunte
Blumen und Kräuter.

Gepriesen seist Du, o Herr, durch die, welche um
Deiner Liebe willen Verzeihung üben
Und Leid und Trübsal erdulden.
Selig, die im Frieden weilen;
Denn von Dir, Höchster, werden sie die Krone
empfangen.

Gepriesen seist Du, o Herr, durch unseren Bruder,
den leiblichen Tod,
Welchem kein Lebender mag entrinnen.
Wehe über die, welche in Todsünde sterben!
Selig die, welche der Tod in Deinen Willen
ergeben findet,
Denn der zweite Tod wird ihnen kein Leides tun.

Lobet und preiset den Herrn und danket ihm,
Dienet ihm mit großer Demut!

Zum Beschluß

Eines reinen und edelmütigen Menschen Leben ist jederzeit ein heilig und wundersames Ding, von welchem unerhörte Kräfte ausgehen und weit in die Ferne wirken. Dieses vermögen wir am Leben des Poverello von Assisi noch deutlicher zu sehen als bei den meisten anderen Helden und großen Geistern der älteren Zeitalter.

Auch wenn man nur ganz oberflächlich und äußerlich zusieht, kann man leicht wahrnehmen, daß mehrere Jahrhunderte hindurch in allen italienischen Landen keinem Menschen so unmäßige Liebe und Huldigung widerfahren ist als dem bescheidenen und demütigen Franziskus.

Vor allen haben ihn die Künstler hoch gefeiert, für welche er ein Erlöser und Erwecker geworden ist. Man sieht ja oft, wie ein schwaches Kind, sobald ein kluger und gütiger Mann es führt, Mut und Kräfte gewinnt, und so sind dem Liebesruf des Lehrers von Assisi vor allem die Künstler nachgefolgt, deren Gewerbe bis dahin zum Teil in größter Verwahrlosung gelegen hatte, nun aber plötzlich als wie ein Frühling hervorbrach und erblühte. Namentlich der weltberühmte Giotto, der erste große Malermeister der neueren Zeiten, ist recht eigentlich durch seine Dankbarkeit und starke Liebe zu Franziskus und durch dessen Geist zu solcher Tiefe und seelenvollen Glut der Darstellung getrieben worden, wie wir in seinen wundervollen Werken finden. Ich hätte wohl schweigen und mich all meiner Worte über den Seligen von Assisi enthalten können, wenn es mir möglich wäre, euch statt dessen in die herrliche Kirche zu Assisi zu führen, an deren Wänden Giotto das Leben des Franziskus abgemalt hat. Denn diese Bilder zeigen nicht nur die Taten und Begebenheiten seines Lebens, sondern sie sind auch gleichsam ein begeistertes Lied, aus dem Geiste des Seligen geboren. Die überaus kühne und inbrünstige Kunst des Giotto ist im Grunde kaum etwas anderes als ein gewaltiger Widerhall der Stimme jenes großen Sängers und Predigers. Wir können häufig wahrnehmen, daß ein lebenskräftiger und tiefer Geist stets wieder in neuen Formen und Verwandlungen redet und sich mitzuteilen strebt; so hat ja zum Exempel der Geist Christi sich je nach dem Wesen der Zeiten in gar vielerlei Arten ausgesprochen. Hat er nicht in Zeitläufen, da Lehre und Predigt versiegt und unkräftig geworden waren, durch Dichter und Seher und große Musiker geredet? Und in den Zeiten, da die Kirche am tiefsten in Sünden und Verfall geraten war, redete er mit neuer Gewalt durch die Werke der Maler, Baumeister und Steinmetzen!

So geschah es auch, daß die zarte und selige Gottesbotschaft, welche in des Franziskus Gestalt zur Erde kam, nicht mit seinem Tode erlosch. Er hatte aus vollen Händen einen guten Samen über die Erde hingestreut, und die Saat ging auf und wuchs und erblühte – hier in eines Malers, dort in eines Dichters oder Bildners oder Weisen Seele. Und wenn auch von seinem Erdenleben kein Bericht und von seinen Liedern kein Ton zu uns gekommen wäre, so hätten wir an deren Statt doch die beredten Zeugnisse Unzähliger, in welchen seine Gestalt

Der Leichnam des heiligen Franziskus vor dem Kloster von San Damiano.

und Weise Liebe und Sehnsucht weckte und welche in vielen Sprachen, in Worten und Tönen, Erz, Marmor und holden Farben von ihm redeten.

Es gibt in der Geschichte der neueren Kunst vielleicht keine Menschengestalt, von welcher so viele große Meister geträumt und jeder nach der Art seines Traumes ein verklärtes Bildnis geschaffen haben wie von Franziskus. Er übte noch lange nach seinem Tode eine solche sanfte und tiefe Macht auf die Gemüter, daß er der Liebling aller Künstler ward. Diesen schien sein Leben so voll von Poesie und so sehr der Schilderung und des ewigen Andenkens würdig, daß Hunderte von Malern und Bildnern seine Gestalt und Szenen aus seinem Leben abgebildet haben. Und auch die alten Novellenerzähler verehrten ihn nicht minder und sammelten über ihn alle Geschichten und Sagen, so daß er in Bälde gleich Karl dem Großen oder gleich den mythischen Fabelhelden in aller Munde und von einem reichen Kranze schöner Legenden umgeben war.

Sodann haben nicht wenige Dichter aus seinem Gefühl und Geiste heraus geschrieben und gesungen. Diese Nachfolger und Verehrer des Franziskus bedienten sich zumeist, noch viel früher als Dante, der Volkssprache und müssen als die Vorläufer oder Begründer der italienischen Dichtkunst in Versen angesehen werden. Schon unter den frühesten Schülern und Freunden Franzisci finden wir mehrere Dichter, welche teils in lateinischer, teils in italienischer Sprache Gesänge und Hymnen verfaßten. Dem Thomas von Celano, einem Jünger Franzens, wird (obwohl ohne Gewißheit) jenes gewaltige und ergreifende Lied »Dies irae, dies illa« zugeschrieben.

Ferner hat Bruder Giacomo von Verona ein großes und schönes Gedicht über den Himmel und die Hölle geschrieben, welches erst von Dante übertroffen ward. Diesen Dichtern folgten die Sänger zahlreicher »laudes« nach, welche namentlich zu Florenz längere Zeit die Träger aller volkstümlichen Dichtkunst gewesen sind. Der größte und mächtigste Nachfolger des Franziskus aber war Jacopone dei Benedetti, nach seiner Vaterstadt Jacopone da Todi genannt, welchen ein schweres Schicksal in bitterem Leide zu einem Dichter von schmerzvoll schönen Gesängen machte. Seine vielen Lieder brennen wie lodernde Fackeln in roter Glut von nächtlichen Bergen, trauernd und schön, in leidenschaftlichen und inbrünstigen Flammen.

Man könnte gar leicht noch auf vielen Gebieten des Geistes und der Schönheit des Franziskus übermächtigen Einfluß erweisen. Von solchen großen Menschen, an deren Bild und Gedächtnis ein ganzes Volk mit eifriger Liebe hängt und weiterbildet, hat allezeit die Kunst einen neuen Wirkungskreis und neue Lebenskräfte empfangen. Darin liegt das Unergründliche und Ewige solcher Gestalten, daß allein der Gedanke an sie Wunder tut und Kräfte weckt, daß er Helden zu Taten und Maler zu Bildern und Sänger zu Liedern begeistert, weil sie alle in ihm ein Sehnsucht erweckendes Gleichnis und einen Gruß Gottes an die Erde erblicken.

Wenn einer mich fragen wollte: wie magst du jenen Franz einen gewaltigen Dichter nennen, da er uns doch nichts hinterlassen hat als jene laudes creaturarum? Dem würde ich antworten: er hat uns die unsterblichen Bilder des Giotto und alle die schönen Legenden und die Lieder des Jacopone und alle der anderen und tausend köstliche Werke geschenkt, welche alle ohne ihn und ohne die geheime Liebesmacht seiner Seele niemals entstanden wären. Und er war einer von den rätselhaften Großen, einer der frühesten, welche unbewußt an jenem wundersamen Riesenwerke gebaut haben, welches wir die Renaissance, das ist die Wiedergeburt des Geistes und der Künste, nennen.

Ach, es gibt so gar viele berühmte Schreiber und Dichter, welche hübsche Werke verfertigt haben! Aber es gibt nur wenige, welche kraft der Tiefe und Glut ihres Innersten Worte und Gedanken der Ewigkeit und der uralten Menschensehnsucht unter die Völker warfen gleich himmlischen Boten und Sämännern. Und es gibt wenige, welche nicht wegen ihrer schön gemachten Worte und Werke, sondern allein wegen ihres reinen und adeligen Wesens durch Jahrhunderte geliebt und bewundert werden und gleich seligen Sternen über uns in der reinen Höhe stehen, golden und lächelnd und gütige Führer und Leiter für die im Dunkel dahintreibenden Irrfahrten der Menschen. *(1904)*

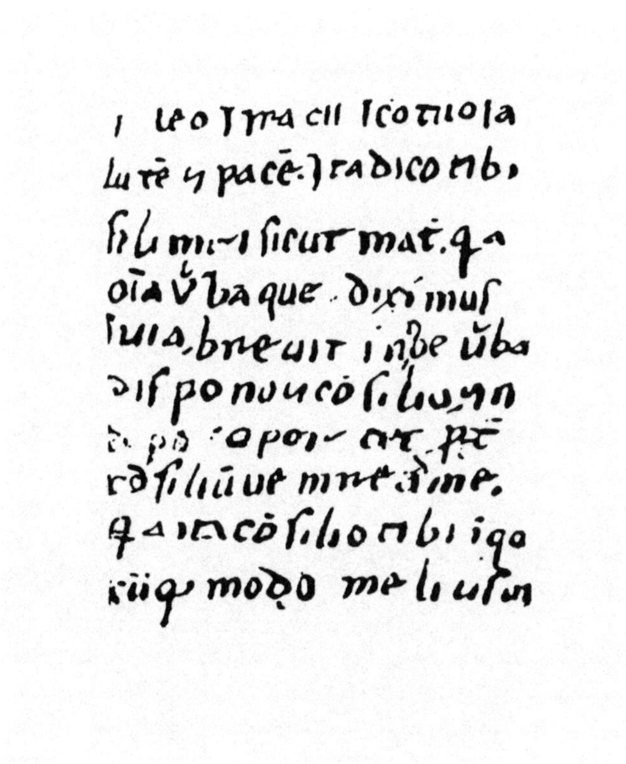

Die Handschrift des Franz von Assisi

Anhang

Der Blütenkranz des heiligen Franziskus von Assisi

Soeben ist eine sehr beachtenswerte deutsche Ausgabe der »Fioretti di San Francesco« erschienen. Bei dem auffallenden Interesse, das im vergangenen Jahrzehnt sich der Person und Bedeutung des Heiligen zuwandte und das sichtlich noch im Wachsen begriffen ist, mag es nicht unangebracht sein, die Besprechung des Buches durch einige orientierende Notizen über Franziskus einzuleiten.

Franz von Assisi, eigentlich Giovanni Bernardone, ist im Jahre 1182 als Sohn des wohlhabenden Kaufmanns Pietro Bernardone in Assisi geboren. Gelehrte Bildung genoß er nicht, dafür die weltliche Erziehung durch den freundschaftlichen Verkehr mit den Söhnen des Adels und der vornehmeren Bürgerkreise. Vermutlich berührten auch religiöse Fragen seinen Kreis; der Vater unternahm mehrmals größere Handelsreisen, namentlich zu den Märkten Südfrankreichs, und mußte so notwendig über die großen Bewegungen seiner Zeit unterrichtet sein. Mit dem Aufblühen des freien Städtewesens und der städtisch-bürgerlichen Kultur regten sich starke neue Bedürfnisse, denen die Kirche nicht gerecht zu werden verstand, schon weil ihr erbitterter Kampf mit dem Kaisertum sie ständig in Atem hielt. Ein heißes Verlangen nach Lehre und Tröstung, nach Mitteilung und Auslegung des Evangeliums erfüllte alle Seelen, und gerade die Predigt lag im Argen und bot Steine statt Brot. Und nun erhoben sich da und dort Männer der Tat und des Wortes, Laienprediger und Volksapostel; es gab Propheten und Wundertäter, Irrlehrer und echte, große Volksredner. Einige von ihnen verloren sich ins Phantastische und erloschen spurlos, andere rieben sich in unfruchtbaren Kämpfen auf, die meisten und besten aber wurden von der eifersüchtigen Kirche gewaltsam unterdrückt. Es gab plötzlich allerorten Ketzer und Märtyrer und leidenschaftliche Bewegungen trieben durchs erregte Volk.

Indessen ist uns über den Einfluß dieser Zeitstimmung auf Franzens erste Jugend nichts Sicheres bekannt. Andere Strömungen ergriffen ihn desto mächtiger. Es war die Zeit, da die ersten Troubadourlieder erklangen, und einen Hauch davon hat Franz fürs Leben behalten; das Bedürfnis nach einer gewissen künstlerisch poetischen Erhöhung des Lebens und seines Wertes hat ihn nie mehr ganz verlassen. Einstweilen äußerte sich dieser Drang in echt jugendlicher Weise: Franz warf sich mit Leidenschaft auf ein prächtig festliches Leben, suchte es seinen meist adeligen Kameraden überall zuvor zu tun und schonte seines Vaters Geldsack nicht. Er gab Feste und nahm an solchen teil, hatte seine Lust an Waffen, Gewändern, Pferden; sein Ideal war, ein vollkommener Ritter zu sein, und es ist bemerkenswert, mit welcher Inbrunst und Begierde er diesem Streben huldigt. Schon in diesem spielerischen, noch halb knabenhaften Treiben zeigt er die Gebärden eines Menschen, der nichts halb tun kann, der für sein Leben ein tiefes Begehren, ein Ideal braucht, und diesem mit völliger Hingabe folgen muß. Er will das Tiefste und Edelste des Lebens kosten, und wo er den Weg dazu ahnt, kennt er kein Zögern. Aber er hat das unschätzbare Erbteil einer unzerstörbaren inneren Heiterkeit, etwas von der Natur eines Singvogels; ein Lächeln, ein Lied, ein herzliches Wort fehlt ihm nie. Diese beiden Grundzüge – das leidenschaftliche Streben zur Höhe und dabei die fröhliche Harmlosigkeit und Herzlichkeit des Kindes – erklären sein ganzes Wesen und Leben.

Noch nicht zwanzigjährig, nahm Franz am Verteidigungskampfe gegen Perugia teil. Nach dem Sturze des Herzogs von Spoleto, des kaiserlichen Vogts über Assisi, kam es in der Stadt zu immer drohenderen Auflehnungen des niederen Volkes gegen den Adel, und in der Not hatten einige der Barone den

Verrat begangen, das mächtige Perugia um Hilfe zu bitten. Perugia leistete Folge und schlug die Truppen der schwächeren Nachbarstadt in einer raschen Schlacht vollkommen. Franz, der begeistert mitgekämpft hatte, wurde samt vielen anderen gefangen und nach Perugia mitgeschleppt. Dort saß er – übrigens seines vornehm gesitteten Wesens halber den Nobili zugeteilt – ein volles Jahr im Gefängnis. Doch beugte ihn die lange Haft keineswegs, er war vielmehr der Munterste und Fröhlichste, suchte seine Leidensgenossen nach Kräften zu erheitern und sprach beständig von seiner Hoffnung, in Bälde erst recht ein Kriegsmann und Ritter ohne Tadel zu werden.

Ende 1203 aus der Gefangenschaft entlassen und nach Assisi heimgekehrt, begann er sofort das alte, flotte Leben wieder, war bei Spielen und Schmäusen obenan und vertat sein Geld auf edelmännische Weise; einer der ältesten Biographen nennt ihn princeps juventutis. Eine schwere Krankeit, der er zu erliegen glaubte, nötigte ihn zu vorwurfsvoller Einkehr und zum Versuch einer Änderung. Doch hielt das nicht lange vor. Schon kurze Zeit darauf loderte seine Leidenschaft für ein ruhmvolles und glänzendes Weltleben noch einmal gewaltig auf. Der ersehnte Weg zu Abenteuern und Großtaten, zu Glanz und Ehre schien sich nun öffnen zu wollen.

Im Süden Italiens rüstete nämlich Walter von Brienne, der berühmte Feldherr und Ritter, im Solde des Papstes ein Heer, und von allen Seiten strömten ihm Freiwillige aus den besten Ständen zu. Auch in Assisi beschlossen mehrere vornehme Jünglinge und Männer, dahin zu ziehen, und kaum hatte Franz davon gehört, so schloß er sich begeistert an. Eine fieberhafte, ungestüme Erregung kam über ihn, er kleidete und bewaffnete sich reicher und üppiger als alle anderen, und wen er traf, dem redete er von seinen Plänen und Hoffnungen. Trunken vor brennender Erwartung und Tatenlust sah er sich schon auf dem Wege zur Erfüllung seiner ausschweifend ehrgeizigen Jugendträume und redete prahlend davon, wie er als ein Fürst und bekränzter Sieger heimkehren werde. Auf einem kostbaren Pferde schloß er sich am Tage des Auszugs seinen Genossen an und erregte durch seine prachtvolle Ausrüstung den Neid der Kameraden und das Erstaunen der Zurückbleibenden.

Zwei Tage später kehrte Franz allein nach Assisi zurück, verwandelt, gebrochen, bescheiden. Seine Rüstung hatte er einem armen Edelmann geschenkt. Was ihn zur Umkehr trieb, ist ungewiß; vielleicht hatten die Gefährten ihn für sein prahlerisches Auftreten bestraft, vielleicht hatte ihn eine plötzliche Krankheit geschwächt. Jedenfalls erlebte er damals eine Stunde, in der seine Seele in Todeskämpfen rang, in der Gott sein Herz berührte, und in dieser geheimnisvollen Stunde fiel sein Ehrgeiz und Abenteuerdurst von ihm ab wie eine leere Hülle. So kam er nach Hause zurück und wurde mit Hohn und Kopfschütteln empfangen. Es kümmerte ihn wenig; Tieferes quälte ihn. Sein Ideal, seine Hoffnungen und Lebenspläne waren ihm wertlos geworden und zertrümmert. Was nun? Er brauchte ein neues Ideal, eine neue Form, um sein glühendes Lebensgefühl darein zu gießen, einen neuen Gott und Glauben, und im sehnlichen Begehren und Suchen verzehrte er sich lange Zeit. Den bald wieder erfolgenden Einladungen seiner früheren Freunde schenkte er kein Gehör, eines Tages aber lud er sie unerwartet zu einem Gelage ein. Man schmauste und zechte bis zur Nacht, darauf erhob sich die Gesellschaft übermütig, um noch singend und lärmend durch die Gassen zu schwärmen. Da ging Franz allein abseits, in tiefe Gedanken verloren, denn an diesem Abend war ihm eine erste Ahnung seines neuen Ideals geworden. Die Kameraden fanden ihn, umringten ihn lachend und fragten, was er denn sinne, ob er vielleicht daran denke ein Weib zu nehmen? Da gab er zur Antwort, ja er habe eine Braut gefunden, die sei aber edler und schöner als sie sich vorzustellen vermöchten. Lachend gingen sie weg und ließen ihn, den sie trunken wähnten, allein. Es war sein letztes Gelage und der letzte Tag seines alten Lebens gewesen.

Das ist die Jugendgeschichte des Heiligen; sie hat einen farbig novellenhaften, fast koketten Reiz. Aber alle jene liebenswerten Züge des Jünglings, die stets zu Gesang und Scherz bereite Heiterkeit, die Freude am Schönen, die bald begeisterte, bald fast schalkhaft zierliche Ritterlichkeit gingen ihm nicht verloren. Auf dem Grund eines großzügig schlichten, gewaltigen Lebensernstes gewannen sie eine neue, höhere, geistigere Schönheit und umgeben die Gestalt des Dulders und Heiligen mit einem Hauch von Kindlichkeit und ewigjunger Anmut, der ihm Tausende von Herzen gewann.

In Einsamkeit und Gebet, im Verkehr mit Bedürftigen und Armen begann nun Franz sein neues Leben. Das ungestillte, dürstende religiöse Streben und Verlangen jener ganzen Zeit durchlebte er in qualvoller Unruhe, die ihn bald sogar zu einer Pilgerfahrt nach Rom trieb. Er fand dort nicht, was er suchte. Aber bald nach seiner Rückkehr begann es in ihm zu tagen und er fand den schlichten Weg zu Gott zurück, den überall ringende Seelen vergebens suchten und der ihm und unzähligen Nachfolgern Erlösung bot. Seine Tat bestand einfach darin, daß er – auf den Wortlaut des lateinischen Evangeliums zurückgehend – beschloß, die Worte Jesu, mit denen dieser seine Jünger in die Welt gesandt, schlicht wörtlich zu befolgen. Gewiß hatten das vor ihm viele versucht, aber sie waren zu Asketen, zu Einsiedlern oder zu Narren geworden. Franz erfaßte mit seiner harmlosen, stets aufs gegenwärtige und tätige Leben gerichteten Art Jesu Worte ohne jeden Versuch einer dogmatisierenden Exegese vor allem in ihrer Bedeutung für das tägliche, praktische Leben. Und so griff er mit instinktiver Erkenntnis des Wesentlichen auf die Vorschrift der apostolischen Armut zurück. Völlige Besitzlosigkeit erkannte er als die einzige Möglichkeit zur inneren Freiheit, und kurz entschlossen entledigte er sich jeder Habe. Ebenso instinktiv, auf dem Weg des Straßengesprächs und der freundschaftlichen Unterredung, wurde er in der Folge zum Volksprediger. Entscheidend war, daß er nicht nur keine Mahnung und Vorschrift predigte, die er nicht selbst täglich erfüllt hätte, so daß sein Beispiel die Lehre trug und unterstützte. Noch wichtiger aber war es, daß er nicht im düsteren Kleid des verdammenden Bußpredigers und mit der Märtyrerpose des Asketen auftrat, sondern fröhlich und demütig; daß er nicht drohte und donnerte, sondern seine Hörer mit der ganzen liebenswerten Heiterkeit seines Wesens zu sich lockte. Joculatores Domini, Spielleute Gottes nannte er sich und seine ersten Jünger; er suchte nicht seinen Hörern die Hölle heiß zu machen, sondern machte ihnen Erde und Himmel lieb, als ein Sänger und schmeichelnder Werber in Gottes Dienst.

Die Schwierigkeiten und Mühsale waren groß. Mancher heutige Leser einer Franzbiographie wird bei aller Bewunderung doch denken: Wenn das einer heute tun wollte, wäre er verrückt. Aber es war damals kaum leichter. In einer Zeit, da mit dem Erstarken des Städtewesens und dem Aufblühen des Handels dem Geld schon eine bedeutende Macht innewohnte, klang das Evangelium der Armut gewiß nicht selbstverständlich und lockend. Und Franz war ja nicht etwa ein Bauernsohn oder Habenichts, sondern ein Städter, Sohn eines wohlhabenden Handelsherrn und Gespiele der vornehmen Jugend. Als er sein Pferd verkaufte und das Geld dem Priester von St. Damian gab, als er sich mit Bettlern und Elenden einließ und alle Gewohnheiten des jungen Patriziers ablegte, fielen nicht nur sämtliche Freunde von ihm ab. Sein Vater mißhandelte ihn öffentlich und sperrte ihn ein, dann zog er ihn vor Gericht, verstieß und enterbte ihn schmählich. Sein Bruder höhnte ihn und schämte sich seiner und die ganze Bevölkerung fiel mit Spott und Verachtung über ihn her. Er war zum Narren der Stadt geworden. Aber er gab nicht nach. Ohne Zorn ertrug er die

Schmähungen und ging in einen Rock gekleidet, den ihm ein Diener des Bischofs aus Mitleid geschenkt hatte. Der Gedanke an die Gründung einer Gemeinschaft lag ihm fern, und da er nicht müßig gehen, sondern irgend etwas zu Gottes Ehren arbeiten wollte, begab er sich allein an die Ausbesserung einer vernachlässigten Kapelle. Sooft es not tat, ging er in die Stadt und bat jeden Begegnenden um einen Beitrag, um Steine zum Bau oder um Oel für die heilige Ampel. Und allmählich gewann seine furchtlose Beharrlichkeit und sein bescheiden herzliches Auftreten ihm eine langsam zunehmende Achtung. Und auf diesen Bittgängen, zwischen hundert Demütigungen, im Gespräch mit einzelnen entwickelte er sich unbewußt zum großen Prediger. Bald kam ein erster Jünger zu ihm, ein reicher junger Mann, der ihn um Rat in geistlichen Dingen bat. »Gib dein Vermögen den Armen, behalte nichts und lebe als mein Bruder mit mir«, riet ihm Franz, und jener ging hin, gab alles weg und blieb sein Leben lang einer der treuesten Anhänger des Poverello – das war der Kosename, den bald darauf das Volk dem Heiligen beilegte.

Im Jahr 1210, als Franz schon eine kleine Zahl von Jüngern hatte, ging er nach Rom und bat den Papst um Bestätigung seiner jungen Gemeinschaft. Nach längerem Hinhalten ward diese Bestätigung zögernd erteilt und damit war der größte Laienprediger des Jahrhunderts der Kirche gewonnen. Sein Orden wurde für Jahrhunderte die Quelle und Heimstätte der echten Volkspredigt und eine der zuverlässigsten und mächtigsten Stützen der römischen Kirche.

Mit dem raschen Anwachsen des neuen Ordens, dessen Jüngerzahl in die Hunderte und bald in die Tausende stieg, tritt das persönliche Leben des Stifters in den Hintergrund. Die Leitung eines so großen Kreises, die Aufsicht und Verantwortlichkeit, die Abfassung einer Ordensregel – das alles brachte ihm mehr und mehr Sorge und Last und auch manche Enttäuschung. Mit doppelter Zärtlichkeit hing er nun an den wenigen Gefährten der ersten Jahre, und mit der Last und Sorge wuchs in ihm das Bedürfnis, in Stille und ländlicher Umgebung Ruhe zu suchen und an jener tiefsten Quelle seines Wesens zu rasten, die ihm nie versiegte und der wir seinen wunderbaren »Sonnengesang«, die laudes creaturarum verdanken. In diesem tiefen Naturgefühl ruht auch der geheimnisvolle Zauber, den Franz noch heute und auch auf religiös Indifferente übt. Das dankbar freudige Lebensgefühl, mit dem er alle Kräfte und Geschöpfe der sichtbaren Welt als verbrüdert und ihm verwandte Wesen begrüßt und liebt, ist frei von jeder kirchlich gefärbten Symbolik und gehört in seiner zeitlosen Menschlichkeit und Schönheit zu den merkwürdigsten und edelsten Erscheinungen jener ganzen spätmittelalterlichen Welt.

Über das Leben der Brüder, über den entstehenden Schwesterorden, über Franzens späteres Leben, seine Stigmatisation und seinen Tod gibt der »Blütenkranz« vielfache Auskunft; hier seien nur noch die Daten mitgeteilt. 1224 unternahm er die berühmte Reise auf den Alverno, schon krank und im Vorgefühl des Todes, und ebendort erlebte er das Mysterium der Stigmatisation. Am 3. Oktober 1226 starb er nach schweren Leiden, und in sämtlichen vitae sanctorum gibt es keinen ergreifenderen und schöneren Todesbericht als die Geschichte seines Sterbens. Auch hierüber findet man im »Blütenkranz« berichtet. Nicht ganz zwei Jahre nach seinem Tode, im Juli 1228, erfolgte die Heiligsprechung durch Gregor IX., und gleichzeitig die Grundsteinlegung der Franzkirche in Assisi, die in gewissem Sinn als Geburtsstätte der großen italienischen Kunstentwicklung gelten kann. Über das Verhältnis der bildenden Kunst zu Franz und über seine enorme kulturelle Bedeutung für die folgenden Jahrhunderte hat Henry Thode in seinem berühmten Franziskuswerk eine der eindringlichsten und wichtigsten modernen Kunstmonographien geschrieben.

Schon zu Lebzeiten des Heiligen waren im Volke manche Anekdoten und legendenhafte Erzählungen aus seinem Leben verbreitet. Nach seinem Tode, da die Kunde von seinem Leben und seiner Persönlichkeit in mündlicher Tradition weitergegeben wurde, wuchs die Zahl dieser Legenden, die zu Unterhaltung und Erbauung in Klöstern und Häusern, bei Hofe und auf den Gassen von Mund zu Munde gingen. Diese fast ausnahmslos volkstümlich naiven, lebendig frischen Geschichten wurden in Umbrien im vierzehnten Jahrhundert zum erstenmal gesammelt und »Fioretti di San Franzesco« genannt. Die Sammlung ward allmählich noch durch eine Anzahl von biographischen und anekdotischen Berichten aus der Zeit der ersten Franziskanerbrüder vermehrt und war schon vor den Zeiten des Buchdrucks das, was sie noch heute ist, – das beliebteste Volksbuch Italiens. Die Fioretti, trotz ihres frommen Inhalts ein Vorläufer der italienischen Novellenliteratur, sind das schönste und unvergänglichste Denkmal, das je ein großer Mensch in der Literatur seines Volkes gefunden hat. Sie sind nicht historische Zeugnisse für das Leben und die Taten und Worte des Franziskus, aber sie sind bis in kleinste Züge voll vom Liebreiz und Ernst seiner Persönlichkeit und sie stellen den Heiligen so dar, wie er im pietätvollen Andenken des Volkes jahrhundertelang lebte und noch immer lebt. *(1905)*

Das Blumenspiel:
Aus der Kindheit des heiligen Franz von Assisi

»Cesco!« rief die Stimme der Mutter von oben.

Alles war still und warm, verschlafener italienischer Spätnachmittag.

Noch einmal lockend und spielerisch: »Cesco!«

Der zwölfjährige Knabe saß im Schattenwinkel neben der Vortreppe des Hauses auf den staubigen Steinen, fast schlafend, beide mageren Hände über den spitzen Knien verschlungen, eine braune Locke fiel über die helle, zart geäderte Kinderstirn.

Wie gut das klang! Diese sanfte, leichte, vogelhaft beschwingte Mutterstimme, gut und freundlich, eigen und vornehm, wie die ganze Mutter war. Voll Zärtlichkeit sann Francesco den verklungenen Rufen nach. Es zuckte ihm einen Augenblick in den Beinen, aufzuspringen, aber die schwache Regung schlief schnell wieder ein, und während er in der tiefen Sonnenstille noch immer die liebe Stimme hallen fühlte, waren seine Gedanken schon weit.

Wunderbare Dinge gab es auf der Welt. Nicht jeder brave Mann saß so wie er, vergraben im Schattenloch vor der väterlichen Treppe, vom Vater verwöhnt und von der Mutter ermahnt, und von allen Seiten sahen die Nachbarhäuser, der Brunnen, die Zypresse, die Berge herein, immer gleich, immer dasselbe. Es gab Männer, die ritten auf Pferden durch die ganze Welt, durch Frankreich und England und Spanien, an allen Schlössern und Städten vorbei, und wo irgend Schlimmes geschah, wo irgendein frommer guter Mann zum Tode geführt oder eine schöne arme Prinzessin verzaubert war, da erschien der Held, der Ritter, der Befreier, zog sein großes Schwert und tat das Rechte. Ritter gab es, die schlugen allein

ein ganzes Mohrenheer in schmächliche Flucht. Auf Schiffen fuhren sie bis ans Ende der Welt, und vor ihnen her blies der Sturm ihre kühnen, großen Namen und Taten über die Länder. So hatte Piero, der Knecht, ihm gestern von Orlando erzählt.

Blinzelnd schaute Franz unter der Locke hervor, in die Lücke neben dem moosbewachsenen Nachbardach, wo zwischen den steinernen Pfeilern einer Reblaube ein schmaler Blick ins Weite ging, auf die umbrische Talebene hinab und zu den jenseitigen Bergen, an deren Hang eine kleine Stadt mit weißem Glockenturm unendlich klein und ferne klebte, und dahinter blaue Luft und farbige Ahnung der Welt. Wie war das schön und wie quälend; dahinten alles zu wissen, alles, alles, Ströme und Brücken, Städte und Meere, Königsburgen und Heerlager, Reiterscharen mit Musik, Helden zu Pferde und schöne adlige Frauen, Turniere und Saitenspiel, goldene Rüstungen und rauschende Seidengewänder, alles bereit, alles wartend, alles eine gedeckte Tafel für den, der kam, der Mut hatte und es an sich riß.

Ja, Mut mußte man haben. Auch etwa so durch eine fremde Einöde zu reiten, in der Nacht, wenn alles voll Spuk und feindlichen Zaubers war und Höhlen voll von Menschengebein lagen. Würde er, Franz Bernardones Sohn, so viel Mut haben? Und wenn man gefangen wurde und vor einen zorngeschwollenen Mohrenfürsten geführt oder in ein verhextes Schloß gesteckt! Es war nicht leicht. Es war nicht auszudenken. Es war schwer, furchtbar schwer, und gewiß gab es wenige, die das konnten. Vielleicht hätte sein Vater es gekonnt? Vielleicht – wer weiß? Aber wenn es nun einmal solche gab, die es konnten, wenn Orlando und Lanzelot und alle diese ihre Taten getan hatten, gab es da für einen jungen Menschen einen anderen Weg, als ihnen gleich zu werden? Konnte man da noch um Bohnen spielen oder Kürbiskerne stecken, konnte man da noch ein Handwerker oder Kaufmann werden wollen oder ein Priester oder irgend etwas anderes?

Die weiße Stirn zog sich in tiefe Falten, die Augen verschwanden unter den gerunzelten Brauen. Mein Gott, es war schwer, sich zu entscheiden. Wie viele schon mochten es versucht haben und schon im Anfange zugrunde gegangen sein, junge Knappen und Ritter, von welchen keine Prinzessin je erfuhr, von denen kein Lied gesungen wurde, von denen kein Pferdeknecht am Abend erzählte! Weg waren sie, erschlagen, vergiftet, ertrunken, von Felsen gestürzt, von Drachen gefressen, in Höhlen eingemauert. Für nichts waren sie ausgezogen, vergebens hatten sie Entbehrungen getragen und Qualen gelitten!

Franz schauderte. Er sah auf seine hageren, gebräunten Hände hinab. Vielleicht würden sie ihm einst von Sarazenen abgehauen, vielleicht mit Nägeln an ein Kreuz genagelt, vielleicht von Geiern gefressen. Es war scheußlich. Wenn man dachte, wieviel Gutes auf Erden war, wieviel Schönes, Angenehmes, Wohlschmeckendes. Oh, was für gute Sachen! Ein Kaminfeuer im Herbst mit bratenden Kastanien darin, und ein Blumenfest im Frühjahr mit den weißgekleideten Töchtern der Edelleute. Oder ein junges zahmes Pferd, wie ihm sein Vater eins versprochen hatte, wenn er vierzehn Jahre alt wäre. Aber auch andere, viel einfachere Dinge gab es, hundert und tausend, die schön und köstlich waren. Nur so etwas, wie dies Sitzen im Halbschatten, die Sonne auf den Fußspitzen, den Rücken an der kühlen Mauer. Oder abends im Bett zu liegen, nichts zu spüren als die sanfte weiche Wärme und die milde Dämmerung der Müdigkeit. Oder die Stimme der Mutter hören, ihre Hand im Haar fühlen. Und so waren tausend Sachen, so war alles, so waren Wachen und Schlafen, Abend und Morgen, überall so viel Duft und feiner Klang, so viel Farben, so viel Liebliches und Schmeichelndes.

War es nun notwendig, das alles gering zu achten, das alles zu opfern, das alles aufs Spiel zu setzen? Bloß um einen Drachen zu besiegen (oder auch von ihm zerrissen zu werden) oder um von einem König zum Herzog ernannt zu werden? Mußte es sein? War das richtig?

Es kam dem Knaben nicht in den Sinn, daß ja kein Mensch in der Welt, nicht Vater noch Mutter, dergleichen von ihm forderte, daß nur sein eigenes Herz davon sprach, davon träumte, danach begehrte. Er spürte die Forderung. Ein Ideal war aufgestellt. Ein Ruf war an ihn ergangen, ein Feuer war in ihm entzündet. Aber warum war das, was das Schönste schien, das Heldentum, so schwer, so sehr schwer? Warum mußte man denn wählen, opfern, sich entscheiden? Konnte man denn nicht einfach das tun, was einem gefiel? Ja, aber was gefiel einem denn? Alles und nichts, alles für einen Augenblick, nichts für immer. Ach, dieser Durst! Ach, diese zehrende Gier! Und so viel Qual und heimliche Furcht war dabei!

Zornig stieß er den Kopf gegen die Knie. Also, wenn schon – er wollte ein Ritter werden. Mochten sie ihn totschlagen, mochte er in einer Sandwüste verschmachten – er wollte ein Ritter werden. Sie würden schon schauen, Marietta und Piero, und auch die Mutter, und der blöde Lateinlehrer schon gar! Auf einem weißen Hengst wird er heimkehren, in einem goldenen Helm mit spanischen Federn, eine große Narbe in der Stirn.

Seufzend ließ er sich zurücksinken, blickte zwischen den Rebpfeilern durch in die rötlich rauchende Ferne, wo jeder blaue Schatten ein Traum und Versprechen war. Drinnen im Magazin hörte er Piero in den Zeugballen rumoren. Der Schattenstreif neben ihm war breit geworden und stach mit festem Umriß in die sonnige Straße. Über den fernen Hügeln wurde der heiße Himmel mild und golden.

Da kam die Gasse herauf ein kleines Züglein von Kindern, sechs oder acht kleine Mädchen und Buben, die kamen zu zwei und zwei gezogen und spielten Prozession, hatten Kränze von Blättern um die staubigen Nacken und Kleidchen geschlungen und trugen Wiesenblumen in den Händen, Ranunkel und Margueriten, Storchschnabel und Salbei, sorglos abgerissen, halb geknickt und schon beinah verwelkt, mit Grashalmen dazwischen. Die nackten Füße klatschten weich auf dem Steinpflaster, ein größerer Knabe klapperte in Holzschuhen taktschlagend nebenher. Sie sangen alle miteinander einen kleinen, verstümmelten Vers, entstellter Nachklang eines Kirchenliedes, mit dem Kehrreim:

mille fiori, mille fiori
a te, Santa Maria …

So kam die kleine Pilgrimschaft bergan gezogen, ein bißchen Klang und Farbe kam mit ihr über die abgestorbene Gasse geweht. Ein Mädchen ging zuhinterst, das flocht sich einen Zopf, während es den zweiten samt seinen Blumen im Munde festhielt, ohne darum vom Singen oder Summen abzulassen. Ein paar verlorene Blumen lagen hinter der Schar im Staube.

Franz hatte die Melodie des wohlbekannten Liedes alsbald mitgesummt. Auch er hatte dies Spiel gespielt, mehr als hundertmal; es war lange Zeit sein Lieblingsspiel gewesen. Jetzt, seit er zu den größeren Knaben gehörte und sich schon öfter an verbotenen Knabenstreichen beteiligt hatte, war mit der ersten Kinderunschuld auch dies fromme Spiel ihm fremd geworden, und er gehörte zu den überempfindlichen Kindern, denen schon in diesen frühesten Wandlungen der Seele mahnend und betrübend das Lied von der Vergänglichkeit der Freuden klingt. Heute vollends, da er beschlossen hatte, ein Held zu werden, mußte das Kinderspiel ihm Tand und Trödel erscheinen.

Er blickte gleichmütig-stolz auf die Kleinen, die vorüberzogen. Da sah er neben dem Mädchen mit dem offenen Zopf einen vielleicht sechsjährigen Buben ziehen, der hielt eine einzige geknickte Blume mit beiden Händen vor sich empor und wandelte in einem feierlich breiten, fast watenden Gang wie ein Fahnenträger, und so falsch er sang, seine runden Augen strahlten vor Festlichkeit und gläubiger Hingabe.

»*Mille fiori*«, sang er inbrünstig, »*mille fiori a te, Santa Maria!*«

Als Franz ihn sah, ergriff ihn, den Launischen, plötzlich die Schönheit und Andacht dieses Blumenspiels oder mehr die aufwallende Erinnerung an verblühte Begeisterungen, die er einst beim selben Tun empfunden. Mit einem leidenschaftlichen Sprung war er hinter den Kindern her, winkte sie gebietend zu sich und gebot ihnen, hier vor dem Hause einen Augenblick zu warten.

Sie folgten ihm – er war gewohnt, anzuführen, war auch der Sohn eines Reichen und Angesehenen – und warteten, ihre Blumenfetzen in den Händen. Der Gesang war verstummt.

Inzwischen lief Franz in das Gärtchen seiner Mutter, eine winzige Pflanzung von drei, vier Schritten Länge, zwischen Häusermauern mühsam aufgehöht und unterhalten. Es waren wenig Blumen da, Narziß war verblüht, der Goldlack stand schon in Samen. Aber es blühten zwei hohe Büsche violetter Schwertlilien. Sie gehörten der Mutter. Es kostete einen Ruck im Herzen, aber er griff zu und brach fast alle die großen, schönen Blüten ab. Die saftigen, fetten Stengel knirschten in seiner Hand. Eine sah er an, blickte nah in den weißen Kelch, wo das Violett blaß wurde und in genauer Ordnung gelbe haarige Staubgefäße standen. Er empfand tief, daß es schade um die Blumen war.

Jetzt kam er zurück, und jedes Kind bekam eine Lilie zu tragen. Er selber behielt eine in der Hand, trat an die Spitze des Zuges und ging voraus. So zogen sie in die nächste Gasse, und die schönen Gartenblumen und das Beispiel des Anführers, den alle kannten, zog viele Kinder nach. Mit Blumen und ohne Blumen schlossen sie sich an, und in der nächsten Gasse andere, und als sie endlich singend auf den Domplatz kamen und gegen den goldenen Himmel die Abendberge blaurot glühten, da war es eine große Schar. »*Mille, mille fiori*«, sangen sie; und vor dem Dom begannen sie zu tanzen, und Franz, voll Eifer, mit glühenden Wangen, tanzte vor. Abendliche Bummler und heimkehrende Bauern blieben stehen und schauten zu, die jungen Mädchen lobten Franz, und schließlich war eine keck und tat, was alle wünschten: sie ging auf den schönen Jungen zu, gab ihm die Hand und tanzte mit ihm weiter. Gelächter und Beifall mischten sich darein, der spielerische Kindergottesdienst blühte einen Augenblick zu einem kleinen frohen Feste auf, wie auf den Lippen kleiner Mädchen ein Kinderlachen zum Jungfernlächeln wird.

Mit der Vesperstunde war alles aus und verlaufen. Franz erschien zu Hause, heiß und erregt, und merkte erst da, daß er den Zug und Tanz barfuß und ohne Mütze mitgemacht hatte, was er seit einiger Zeit sonst sorgfältig vermied, da er jetzt viel mit älteren Knaben und mit Söhnen der Adligen Umgang hatte.

Nach dem Essen, als er nach einigem Widerstreben und Trotzen sich doch hatte ins Bett schicken lassen, fiel ihm die Ritterschaft und das hohe Maß männlicher Pflichten, die er übernommen hatte, mit einemmal wieder auf die Seele. Er wurde bleich vor Zorn und Selbstverachtung, daß er sich so hatte vergessen können. Mit geschlossenen Augen und gepreßten Lippen schalt er und verachtete sich, wie er es häufig tat, auf das bitterste. Ein schöner Held, ein wackerer Orlando, der seiner Mutter Blumen abriß und mit einem Haufen kleiner Kinder tanzen und spielen ging! Ein schöner Ritter! Ein Hanswurst war er, ein Spaßmacher und Leichtfuß – weiß Gott, wie es einem solchen je hatte einfallen können, etwas Rechtes und Edles werden zu wollen. Oh, wie noch beim Tanz vor dem Dom ihm der Abendglanz und die zarte goldene Ferne ins Herz geleuchtet hatte! Sprach das nicht, lockte das nicht, mahnte das nicht hoch und glühend wie ein Heroldsruf? Und er hatte getanzt und getändelt und hatte sich von dem Bauernmädchen zum Schluß noch küssen lassen! Schauspieler! Lustigmacher! Er grub sich die Fingernägel in die geballte Hand und stöhnte vor Demütigung und Selbstanklage. Ach, so war alles, was er tat! So war alles – immer gut und stolz und edel begonnen und gemeint, und dann kam eine Laune, ein Wind, ein Geruch, eine Verlockung von irgendwoher, und der edle Held war wieder ein Gassenbub und Narr wie immer. Nein, es gab keine hohen Träume, keine geheiligten Entschlüsse und Begeisterungen – das alles war für andere, für Edlere, für Würdigere, als er einer war. Oh, Lanzelot! Oh, Orlando! Oh, Heldenlieder und ferne, heilige Glut auf den Bergen am Trasimeno!

In der Dämmerung tat die Tür sich sachte auf, und leise kam die Mutter herein. Sie schlief, jetzt wo der Vater auf Reisen war, in derselben Stube mit Franz. Auf leichten Hausschuhen trat sie still an sein Bett.

»Schläfst du noch nicht, Cesco?« fragte sie sanft.

Er war in Versuchung, sich schlafend zu stellen, brachte es aber nicht über sich. Statt der Antwort griff er nach ihrer Hand und hielt sie fest. Er liebte die Hände seiner schönen Mutter, ebenso wie ihre Stimme, mit fast verliebter Zärtlichkeit. Sie ließ ihm die Rechte und strich mit der Linken über sein Haar.

»Fehlt dir was, Kind?«

Er schwieg eine Weile, dann sagte er ganz leise: »Ich habe etwas Böses getan.«

»Ist es schlimm, Franz? Erzähl es mir!«

»Heut hab' ich fast alle deine Blumen abgerissen. Die blauen Blumen, weißt du, die großen. Sie sind nicht mehr da.«

»Ich weiß. Ich hab' es gesehen. Also das warst du? Ich dachte, es wäre Filippo oder Graffe. So etwas Rohes tust du ja sonst nicht.«

»Es tat mir gleich selber leid. Ich gab sie den Kindern.«

»Was für Kindern?«

»Es kamen Kinder. Wir spielten *mille fiori!*«

»Du auch? Du hast mitgespielt?«

»Ja, ich mußte auf einmal mittun. Sie hatten bloß so verwelkte Wiesenblumen, ich wollte es schön machen.«

»Seid ihr zum Dom gegangen?«

»Ja, zum Dom, wie früher.«

Sie legte ihm die Hand auf den Kopf.

»Nein, das ist nicht schlimm, Fränzel. Ja, wenn du die Blumen bloß im Übermut verwüstet hättest! Aber so – das ist wirklich nicht schlimm. Sei nur ruhig!«

Er lag still, sie glaubte ihn beschwichtigt. Da fing er ganz leise wieder an.

»Es ist ja nicht wegen der Blumen.«

»Nicht? Ja, was denn?«

»Ich kann's nicht sagen.«

»Sag mir's, erzähle nur! Hast du noch ein schlechtes Gewissen?«

»Mutter, ich möchte ein Ritter werden.«

»Ein Ritter? – Ja, das kannst du ja versuchen ... Aber was hat das damit zu tun?«

»Es hat! Es hat sehr damit zu tun! Du kannst mich gar nicht verstehen! – Sieh, ich will doch ein Ritter werden. Und ich kann doch nicht! Immer wieder mache ich Dummheiten. Ein Ritter werden, das ist so schwer, so schwer – ein richtiger Ritter tut nie etwas Schlechtes oder etwas Dummes und Lächerliches, und ich möchte das auch, ich will auch so sein, und ich kann doch nicht! Auf einmal bin ich heut mit den Kindern gelaufen und habe ihnen vorgetanzt! Wie ein kleines Kind!«

Die Mutter drückte ihn aufs Kissen zurück.

»Sei nicht dumm, Franz! Tanzen ist keine Sünde. Auch ein Ritter darf ganz wohl manchmal tanzen, wenn er vergnügt ist oder wenn er den andern ein Freude machen will. Schau, du quälst dich da mit Sachen, die gar nicht so sind, wie du meinst. Man kann nicht alles gleich so, wie man möchte. Die Ritter sind auch einmal Buben gewesen und haben gespielt und getanzt und all das. – Aber sag mir: warum möchtest du denn ein Ritter werden? Weil die so fromm und tapfer sind?«

»Ja, ja. Und auch – weißt du, dann kann ich ein Fürst oder Herzog werden, und alle Leute sprechen von mir.«

»So, muß denn das sein, daß alle Leute von dir sprechen?«

»O ja, das möchte ich sehr.«

»Dann gib dir nur Mühe, daß man immer Gutes von dir sagen kann! Sonst ist es eine schlimme Sache, in der Leute Mund zu sein!«

Sie mußte noch eine Weile bei ihm bleiben und seine Hand halten. Es war ihr seltsam ums Herz, wenn sie die Kindlichkeit seiner Wünsche und Vorsätze mit der Leidenschaft und schmerzlichen Erregung verglich, zu der sie ihn reizten. Dieser Kleine würde viel Liebe erleben, das war gewiß, aber auch viel, viel Enttäuschung. Ein Ritter würde er wohl nicht werden, das waren Träume. Aber irgend etwas nicht Gewöhnliches war ihm doch wohl beschieden, im Guten oder Bösen.

Sie machte im Dunkeln das Kreuz über ihm und nannte ihn bei sich im Herzen mit jenem Namen, den er später sich selber beilegte: Poverello. *(1919)*

Fritz Wagner

Franz von Assisi und Hermann Hesse

Vom Mittelalter bis zur Gegenwart übte der Typus des Franz von Assisi auf die bildende Kunst und Literatur eine enorme Faszination aus. Besonders vielgestaltig artikuliert sich die Resonanz des *pater seraphicus* in der modernen Literatur. Sie reicht u.a. von Rainer Maria Rilkes Ideologie und Mystik über Carl Zuckmayers symbolische Allegorese, Gilbert Keith Chestertons christliche Apologetik, Felix Timmermanns' religiöse Geisteshaltung und Reinhold Schneiders christliches Traditionsbewußtsein bis zum ethisch-ästhetischen Weltbild Hermann Hesses.[1] Zweifellos gehört gerade Hesse zu den Autoren des 20. Jahrhunderts, die sich in ihren Werken nachhaltig mit dem heiligen Franziskus beschäftigten. Für Hesse war der *Poverello* ein Träumer und Dichter voller Ehrfurcht vor der Schönheit der Schöpfung, ein Troubadour und Mystiker, der in Harmonie mit sich selbst, der Welt und Gott lebte, ein heiliger Ästhet und damit sowohl ein verwandter Geist, mit dem er sich leicht identifizieren konnte, als auch ein Ideal, dem er nachstreben wollte.

Während seiner rebellischen Jahre im Elternhaus und in der Schule vermochte ein Heiliger, wie Franz von Assisi, Hesses Aufmerksamkeit noch nicht zu fesseln. Auch die Tätigkeit als Lehrling in der Tübinger Buchhandlung Heckenhauer und seine daraus resultierenden verschiedenen literarischen Ambitionen lenkten Hesses Interesse noch kaum auf religiöse Themen. Erst als er 1899 nach Basel, in die Stadt seiner Kindheit,

1 Vgl. H. Hegener, *Der Typus des Franz von Assisi in bildender Kunst und Literatur*, in: Franziskanische Studien. Vierteljahresschrift, 60. Jahrg. Münster 1978, Heft 2/3, S. 186-201.

zurückkehrte und sich dort unter dem Einfluß des italophilen Stadtarchivars Rudolf Wackernagel ernsthaft mit dem Werk des berühmten Historikers Jacob Burckhardt und der italienischen Legenden- und Novellenliteratur des Mittelalters und der Renaissance auseinandersetzte,[2] wurde die Gestalt des heiligen Franziskus für Hesses ethisch-ästhetische Weltanschauung von entscheidender Bedeutung. Die Ende 1900 in Basel erschienene autobiographische Schrift *Hermann Lauscher*,[3] in der Hesse pseudonym über seine damals zu einer Krise gediehenen Jünglingsträume abrechnete, dokumentiert unverkennbar sein lebhaftes Interesse an Franz von Assisi. So notiert das *Tagebuch* des *Hermann Lauscher* anläßlich einer Bemerkung über die Melancholie des russischen Dichters Tolstoi zum 7. April 1900:

»Die Heiligen Martin und Franziskus haben dieselbe Lehre wie Tolstoi gepredigt, aber bei ihnen ist Person und Lehre ebenso hell, elastisch und erfreuend wie bei Tolstoi dunkel, spröde und niederdrückend.«[4]

In einer Notiz vom 13. Mai 1900 identifiziert das *Tagebuch* unmißverständlich die ästhetische Weltanschauung des *Hermann Lauscher* mit dem christlichen Ästhetizismus des Franz von Assisi, ohne allerdings den Namen des Heiligen expressis verbis zu erwähnen.[5]

Als Hesse 1901 während seiner ersten Italienreise gleichsam wie ein Pilger auf kulturellen Entdeckungspfaden Naturschönheiten und Kunst Italiens hingebungsvoll bewunderte, ging er auch den Spuren des von ihm verehrten heiligen Franziskus nach. Von vielfältigen optischen und seelischen Eindrücken dieser Reise stimuliert, wandte er sich seinem näch-

2 Ralph Freedman, *Hermann Hesse, Autor der Krisis*, Frankfurt a.M. 1982, S. 120.

3 Hermann Hesse, *Gesammelte Werke, Werkausgabe* in 12 Bänden, Frankfurt a.M. 1970, Bd. I, S. 216-339. Im folgenden WA genannt.

4 WA I, S. 316.

5 Ebd. S. 321.

sten Roman, dem 1904 veröffentlichten *Peter Camenzind* zu, der u. a. seine italienischen Erlebnisse und seine Verehrung für Franz von Assisi reflektiert. Wie schon in *Hermann Lauscher* sind auch in *Peter Camenzind* Held und Autor nicht zu trennen. Camenzinds Interesse an der italienischen Novelle der Renaissance und seine Vorliebe für Legenden entsprachen Hesses jüngster literarischer Beschäftigung. Camenzinds Naturliebe, offenkundig Ausdruck von Hesses eigener Sehnsucht nach der *pura natura*, ist ein einzigartiges Bekenntnis zu Franz von Assisis unablässiger Liebe zur Natur und den Kreaturen Gottes:

»Indem er [Franz von Assisi] die ganze Erde, die Pflanzen, Gestirne, Tiere, Winde und Wasser in seine Liebe zu Gott einbegriff, übereilte er das Mittelalter und selbst Dante und fand die Sprache des zeitlos Menschlichen. Er nennt alle Mächte und Erscheinungen der Natur seine lieben Brüder und Schwestern. Als er in seinen späteren Jahren von den Ärzten dazu verurteilt ward, sich die Stirn mit glühendem Eisen brennen zu lassen, begrüßte er mitten in der Angst des gefolterten Schwerkranken in diesem schrecklichen Eisen seinen lieben Bruder, das Feuer.

Indem ich nun anfing, die Natur persönlich zu lieben, ihr zu lauschen wie einem Kameraden und Reisegefährten, der eine fremde Sprache redet, ward meine Schwermut zwar nicht geheilt, aber veredelt und gereinigt.«[6]

Für den gesamten Lebenslauf des Peter Camenzind gewinnt der heilige Franziskus symbolische Bedeutung. Schon als Student entdeckt Camenzind seine befreiende Liebe[7] zu Franz von Assisi, für die er auch seinen Studienfreund Richard zu gewinnen sucht:

»Meine fast verliebte Vorliebe für den heiligen Franz von Assisi aber teilte er [Richard] bald, obschon er gelegentlich auch über ihn Witze machen konnte, die mich entrüsteten. Wir

6 WA I, S. 434.

7 Ebd. S.386–387.

sahen den seligen Dulder freundlich begeistert und heiter wie ein liebes großes Kind durch die umbrische Landschaft wandern, seines Gottes froh und voll demütiger Liebe zu allen Menschen. Wir lasen zusammen seinen unsterblichen Sonnengesang und kannten ihn fast auswendig. Einst, als wir im Dampfboot über den See von einer Spazierfahrt zurückkehrten und der abendliche Wind das goldene Wasser bewegte, fragte er leise: ›Du, wie sagt hier der Heilige?‹ Und ich zitierte: ›Laudato si, mi signore, per frate vento e per aere e nubilo e sereno et onne tempo!‹[8]

Auf seiner Italienreise erlebt Peter Camenzind, wie es Hesse selbst schon 1901 in Italien widerfahren war, die Vergangenheit des heiligen Franziskus unmittelbar als Gegenwart:

»Ich ging die Straßen des heiligen Franz und fühlte ihn in manchen Stunden neben mir wandern, das Gemüt voll unergründlicher Liebe, jeden Vogel und jede Quelle und jeden Hagrosenstrauch mit Dankbarkeit und Freude begrüßend. Ich pflückte und verzehrte Limonen an sonnig glänzenden Hängen, nächtigte in kleinen Dörfern, sang und dichtete in mich hinein und feierte die Ostern in Assisi, in der Kirche meines Heiligen ... In Umbrien war ich Franz, dem ›Spielmann Gottes‹, verehrend nachgegangen; in Florenz genoß ich die beständige Vorstellung vom Leben des Quattrocento.«[9]

Nach dem plötzlichen Tod seines Freundes Richard wird für Peter Camenzind die enthusiastische Liebe zu Franz von Assisi zur lebensbejahenden Gegenkraft zu seinen desolaten Depressionen, der selbstauferlegten, aber doch schmerzlichen Einsamkeit, den ihn bedrückenden feuilletonistischen Arbeiten und seinem fatalen Hang zum Alkohol:

»Ich war Trinker, und ich war menschenscheu ... Immerhin verfolgte mich lange Zeit nach jeder Trinkerei das böse Gewissen, ... also half ich mir nun und schloß zwischen Trieb

8 Ebd. S 409.

9 Ebd. S. 414.

und Gewissen einen halb ernsten, halb scherzhaften Vertrag. Ich nahm in den Lobgesang des Heiligen von Assisi ›meinen lieben Bruder, den Wein‹ mit auf.«[10]

Mehr und mehr vertieft Peter Camenzind sich in das Vorbild und die Lehre des mittelalterlichen Volkspredigers Franziskus. Abermals drängt es ihn in die Heimat seines Lieblingsheiligen, wo er im Hause der Gemüsehändlerin Annunziata Nardini zu Assisi den ungekünstelten Umgang mit den einfachen Menschen sucht und sich vom affektierten Feuilletonisten zum naiven Volks- und Legendenerzähler wandelt.

»An den schönen, goldenen Abenden saßen wir beisammen in der winzigen Loggetta, Nachbarn, Kinder und Katzen dabei ... Ich berichtete vom heiligen Franz, von der Geschichte der Portiunkula und der Kirche des Santo, von der heiligen Klara und den ersten Brüdern.«[11]

In dieser neuen Atmosphäre einfacher, alltäglicher Menschen wird Franz von Assisis Ideal der Brüderlichkeit für Peter Camenzind zur wichtigsten Maxime seines Lebens:

»Ich liebe jetzt den heiligen Franz, und er hat mich gelehrt, alle Menschen liebzuhaben ...«[12]

Von nun an entscheidet Peter Camenzind sich für ein Leben in Brüderlichkeit zum Wohle der Armen und Hilfsbedürftigen ganz im Sinne seines legendenumwobenen italienischen Heiligen. Es wird ihm zur besonderen Pflicht, die Menschen zu lehren, in der brüderlichen Liebe zur Natur Quellen der Freude und Ströme des Lebens zu finden und sie dazu anzuhalten, allem Lebendigen rechte Brüder zu sein. Durch die exemplarische Verwirklichung des Franziskanismus war Peter Camenzind ein anderer geworden, der aufgrund dieser neugewonnenen Liebe zu den Menschen später ganz in der selbstlosen Sorge und Pflege des armen Krüppels Boppi aufgehen konnte:

10 Ebd. S. 435.

11 WA I, S. 444.

12 Ebd. S. 447.

»Wozu hatte ich das Leben des Heiligen [Franziskus] studiert und seinen herrlichen Gesang der Liebe auswendig gelernt und seine Spuren auf den umbrischen Hügeln gesucht, wenn nun ein armer und hilfloser Mensch dalag und leiden mußte, während ich davon wußte und ihn trösten konnte? Die Hand eines mächtigen Unsichtbaren legte sich auf mein Herz, drückte es nieder und füllte es mit so viel Scham und Schmerz, daß ich zitterte und unterlag. Ich wußte, daß Gott jetzt mit mir ein Wort reden wollte. ›Du Dichter!‹ sagte er ›du Schüler des Umbriers, du Prophet, der die Menschen Liebe lehren und beglükken will! Du Träumer, der in Winden und Wassern meine Stimme hören möchte!‹«[13]

Die Hinfälligkeit des verkrüppelten Boppi vor Augen, handelt Peter Camenzind also ganz im Sinne seines Vorbildes Franz von Assisi. Daß er nach Boppis Tod in seinen Geburtsort Nimikon zurückkehrt, um hier seinen inzwischen alten, kranken Vater zu pflegen, zeigt, daß er auch weiterhin die franziskanische Brüderlichkeit zum grundlegenden Postulat seines Daseins macht.

Auf jeder Stufe von Peter Camenzinds fortschreitender Entwicklung, die stets zugleich ein Anstieg zu einem Ideal ist, bestätigt Hesse den Helden seines Romans immer sichtbarer in der Nachfolge des Franz von Assisi. Ihren Höhepunkt erreicht diese Entwicklung in der von Hilfsbereitschaft und Liebesfähigkeit getragenen Freundschaft zwischen dem gesunden Peter Camenzind und dem vom Schicksal geschlagenen Boppi. In diesem franziskanischen Erlebnis Camenzinds verbindet Hesse die Liebe zur Natur mit der Liebe zum Menschen und die Einsicht in ihre gemeinsame Geschöpflichkeit, die dieser Liebe erst die letzte Tiefendimension gibt.

Die Gestalt des Franz von Assisi, die in *Peter Camenzind* zum integrierenden Bestandteil von Hesses Weltanschauung ge-

13 Ebd. S. 468.

worden war, beschäftigte den Dichter auch in der Folgezeit. Ein Jahr nach der Niederschrift des *Camenzind* veröffentlichte er 1904 die Lebensgeschichte des italienischen Heiligen, gleichzeitig mit einer Biographie über Boccaccio, als unmittelbares Ergebnis seiner Italienreisen. Schon 1902 allerdings hatte er in einem Brief an den Pfarrer und Dichter Karl Ernst Knodt eine eigenständige Arbeit über den heiligen Franziskus erwogen:

»Privatim arbeite ich an einer altitalienischen Fabel, aus der vielleicht einmal ein Buch wird – mittelalterlich, fromm und träumerisch. Lange wünschte ich, den heiligen Franziskus poetisch zu behandeln, doch ist dies unmöglich, da seine lichte Erscheinung selbst eine reine, süße Dichtung ist, an der ich nichts verderben darf.«[14]

Aus dem Vorwort dieser Monographie, das gleichsam wie ein enthusiastisches Enkomion anmutet, wird Hesses fast kultische Verehrung des heiligen Franziskus evident. Der Heilige gilt ihm als mächtiger Zeuge eines in der *imitatio Christi* praktizierten Lebens, das zu einem zeitlosen, erstrebenswerten Paradigma der menschlichen Existenz schlechthin wurde.[15]

Aus der Sicht neuromantisch sehnsuchtsvollen Strebens nach der Harmonie von Gott und der Welt wird Franziskus für Hesse zum Typus eines wahrhaften Menschen, der in unmittelbarer Symbiose mit der Schöpfung lebte und deshalb Wesen und Gesetz des menschlichen Daseins immer wieder neu entdeckte:

»Jedes in solcher Art geführte Leben eines gewaltigen Menschen ist nichts anderes als eine Rückkehr zum Beginn der Schöpfung und als ein sehnlicher Gruß aus Gottes Paradies. Denn jene großen Träumer und Heldenseelen ... strebten ... in unersättlichem Drange an die ersten, reinen Quellen aller Kraft und jedes Lebens zurück, gingen mit den geheimnisvol-

14 Hermann Hesse, *Gesammelte Briefe. Erster Band 1895-1921*. In Zusammenarbeit mit Heiner Hesse, ed. U. und V. Michels, Frankfurt a. M. 1973, S. 92-93.

15 Vgl. S. 9 und 12.

len Seelen der Erde, Pflanzen und Tieren, um als mit ihresgleichen und ihnen eng verwandten Seelen, und begehrten ... in ihren Nöten und Herzensfragen unvermittelt mit Gott selbst zu reden. Und dadurch haben sie allen anderen Menschen Gott nähergebracht und das Geheimnis der Schöpfung aufs neue wert und teuer gemacht und in heiliger Ahnung gedeutet.«

Zur Darstellung der Lebensgeschichte des Franziskus benutzte Hesse, wie er selbst anmerkt, die grundlegenden Franziskus-Monographien von Henry Thode[16] und Paul Sabatier.[17] Das dort umfangreich dokumentierte Quellenmaterial gewährte ihm Einblick in die mittelalterlichen Franziskus-Biographien des Thomas de Celano[18] und Bonaventura[19] sowie in die verbindlichen Franziskanerchroniken.[20]

Unter Beachtung der historischen Faktizität der Überlieferung erzählt Hesse die *Vita* des hl. Franz in der archaisch-volkstümlichen Sprache und der emphatischen Manier der traditionellen Hagiographie. Die Perspektive seiner Darstellung ist die des ruhigen Berichtens und Beschreibens.

Nach einem allgemeinen Exkurs auf die chaotischen politischen Zustände des ausgehenden 12. Jahrhunderts, der insbesondere Hesses Aversion gegen die päpstliche Machtpolitik und die damaligen Häresien deutlich macht, setzt er als positi-

16 *Franz von Assisi und die Anfänge der Kunst der Renaissance in Italien*, Berlin 1885.

17 *Vie de St. François d'Assise*, Paris 1893; Übersetzung: *Leben des Heiligen Franz von Assisi*, Berlin 1895.

18 *Vita prima/secunda S. Francisci*, in: Analecta Franciscana 10 (Quaracchi 1926/41), S. 3-115, 129-260; Id., *Tractatus de miraculis beati Francisci*, ebd. S. 271-330.

19 *Vita seu legenda maior et minor sancti Francisci*, ebd. S. 557-678.

20 *Chronica Fr. Iordani de Jano*, ed. Boehmer, Paris 1908; *Tractatus Fr. Thomae de Eccleston de Adventu FF. Minorum in Angliam*, ed. A.G. Little, Paris 1909; *Chronica Fr. Salimbene de Adam*, ed. O. Holder-Egger, Monumenta Germaniae Historica, Scriptores tom. XXXII (Hannover/Leipzig 1905-1913).

ven Kontrast die innere Bekehrung des Franziskus zu einem heilsgemäßen Leben.

Anschließend berichtet er über die Eltern des Franziskus. Mit präzisen Konturen wird der Vater, Pietro di Bernardone, als vielreisender, reicher Tuchhändler charakterisiert und über die Fakten der Quellen hinaus ein zärtliches Bild der Mutter Giovanna gezeichnet:

»Je weniger die alten Autoren über diese edelgeborene Dame zu sagen wissen, desto inniger möchte man wünschen, ein Bildnis ihrer Person zu haben und anzuschauen, welche man sich nicht anders als liebevoll, sanft und heiter vorzustellen vermag, von der Art der Provenzalen, welche ebenso inbrünstig zu beten als lieblich zu singen und zu dichten verstanden. Und wenn man ihres Sohnes Leben und Wesen betrachtet, verläßt einen der Gedanke nicht, es müsse dieser Mann eine überaus gütige Mutter gehabt haben.«

Es ist nicht ausgeschlossen, daß der aus pietistischem Elternhaus stammende Hesse hier liebevolle Reminiszenzen an seine eigene Mutter artikuliert.

Schon in der Vorgeschichte seiner Franziskus-Monographie erweist Hesse sich als versierter Erzähler, der das Bild von den Eltern des Heiligen stets auf dem Hintergrund des historischen Geschehens der Zeit entwirft. Mit Nachdruck weist er auf die politische Situation Italiens und Umbriens zur Zeit Heinrichs des VI. und Konrads von Schwaben, des Herzogs von Spoleto und Regenten von Assisi, hin. Auf diese Weise werden die wichtigen Lebensumstände sichtbar, unter denen Franziskus heranwuchs.

Den Bericht über die um 1182 erfolgte Geburt des Franziskus transponiert Hesse auf eine legendäre poetische Ebene, indem er in seine Schilderung eine Geschichte aus dem Hauptwerk *De conformitate vitae beati Francisci ad vitam Domini Jesu* des Bartholomaeus von Pisa (de Rinonico) einfügt, wonach ein geheimnisvoller Pilger Franziskus nach seiner Geburt umarmt und seine besondere moralische Größe voraussagt.[21] Die Quelle für diese Legende fand Hesse bei Paul Sabatier, der diese Erzählung in den Anmerkungen seiner Franziskus-Monographie mitteilt. Daß Hesse sich in seiner Monographie über Franziskus dennoch um eine präzise Wiedergabe der biographischen Fakten der Quellen bemüht, ist schon an der Schilderung über die Geburt des Heiligen ablesbar. So berichtet er in Anlehnung an die Überlieferung,[22] daß Franziskus, während einer Geschäftsreise seines Vaters geboren, zunächst auf den Namen Johannes getauft wurde, nach der Rückkehr des Vaters jedoch den Namen Franziskus erhielt. Was Hesse über die mäßige Bildung des Franziskus erzählt, basiert auf Paul Sabatiers Untersuchungen und den dort zitierten Quellen. Das gilt auch für Hesses Bemerkungen über den zunächst luxuriösen Lebensstil des Franziskus.

Daß Franziskus trotz seines Reichtums und ausschweifenden jugendlichen Lebenswandels bereits die Tugend der Mildtätigkeit praktizierte, demonstriert Hesse an einer Geschichte, nach der Franziskus einen Bettler im Geschäft seines Vaters erst schroff zurückwies, ihm dann aber nacheilte, um ihn reich zu beschenken.[23] Mit spürbar innerer Anteilnahme folgt Hesse in der Franziskus*vita* dem weiteren Lebensweg des Heiligen von seiner Teilnahme am unglücklichen Krieg bei Collestrada, seiner Gefangenschaft und schweren Erkrankung, seiner langwierigen Gesundung bis zu dem Vorhaben der Beteiligung an einem Kriegszug nach Unteritalien zum Erwerb ritterlicher Ehren. Wie Franziskus dieses Vorhaben infolge der plötzlichen

21 *De confirmitate* , liber I, pars II, fructus 1; liber I, pars II, fructus 4; vgl. „Analecta Franciscana" 4 (Quaracchi 1906), S. 56-109.

22 Vgl. dazu W. Goez, *Franciscus von Assisi,* in: Theologische Realenzyklopädie 11 (Berlin/New York 1983) S. 300.

23 Diese Geschichte erzählt Hesse nach Paul Sabatier, *Leben des Heiligen Franz von Assisi,* a. a. O. S. 9, der sich (S. 297) für diese Erzählung auf die Franziskusbiographen Thomas von Celano und Bonaventura sowie auf die *3-Gefährten-Legende* beruft.

Konversion aufgab und sich trotz des Spottes seiner Freunde dem Ideal der *imitatio vitae pauperis Jesu* verschrieb, wird für Hesse gleichsam zu einem Vorgang emotionalen Miterlebens, den er mit bemerkenswerter Affinität zur Erbaulichkeit schildert und mit paradigmatisch-homiletisch wirkenden Worten besonders akzentuiert.

Unverkennbar spiegelt sich in diesem Bekenntnis zu Franziskus Hesses Romantizismus und seine damit verbundene Sehnsucht und Suche nach Harmonie des eigenen Ich mit Gott, der Welt und der Natur, die als ständiges Thema in seinen Werken zur bezeichnenden Metapher wurde.

Wie Franziskus trotz des schmerzlichen Konflikts mit seinem Vater Pietro Bernardone auf Besitz und Erbe verzichtet, sich kompromißlos der Armut und der Nächstenliebe verpflichtet und durch seine Hinwendung zu Gott und zur Natur nach Selbstverwirklichung strebt, das alles findet Hesses höchste Bewunderung:

»Dies war des Franziskus Vermählung mit der heiligen Armut. Das Kleinod, welchem er manche Jahre nachgejagt, hatte er nun gefunden: den Einklang seines Gemütes mit Gott und der Welt ... Franziskus wanderte, seiner gewonnenen Freiheit innig froh, durch die Täler und grünen Hügel des Landes als ein Seliger und Beglückter. Seiner kindlich zärtlichen Liebe erschloß sich die Schönheit dieser Erde als eine neugeschenkte und verklärte Welt; blühende Bäume und weiches Gras, fließende und blitzende Gewässer, Himmelsbläue und ziehendes Gewölk, Blau der Ferne und Feldergrün und der Lustgesang der Vögel ward ihm befreundet und geschwisterlich lieb. Denn von seinem Auge und Gehör war ein Schleier gefallen, und er erschaute die Welt entsündigt und heilig, gleich als am ersten seligen Tage von Paradiesesglanz verklärt.«

Nur allzudeutlich verkörpert Franziskus hier für Hesse auch den Typus des seligen Vagabunden, der in Hesses Frühwerk eine bedeutende Rolle spielt und dessen von gesellschaftlichen

Zwängen ungebundene Lebensform Hesse während seines ganzen Lebens – der Kindheit in Basel und Calw, der Ehejahre in Gaienhofen und Bern, der vielen Reisen in Schwaben, der Schweiz und Italien – selbst zu praktizieren versuchte. Die oben zitierte Passage über das Naturerlebnis des Franziskus und seine damit gewonnene Freiheit erinnern an jene *Im Philisterland* überschriebene Skizze vom Jahre 1905, in der Hesse kurz nach seiner Ankunft in Gaienhofen schildert, wie er eines Abends, aus tiefem Unbehagen über das gerade begonnene seßhafte Leben, in die Nacht über Hügel und durch Wälder gewandert sei, um sich nur einen Augenblick lang wieder als seliger Vagabund fühlen zu können, ehe er zu Haus, Katze und schlafender Ehefrau zurückkehrte.[24]

In der rigorosen Konsequenz, mit der Franziskus das Konzept apostolischer Armut verwirklichte und seinem Frömmigkeitsanliegen durch unvergleichliche Demut Ausdruck verlieh, liegt für Hesse die Erklärung, warum die Gestalt des Poverello über seine Zeit hinaus bis in die Gegenwart so wirkungsvoll und aktuell blieb:

»Darum auch haben durch Jahrhunderte ihn Unzählige geliebt und hoch verehrt, sein Bildnis und die Geschichte seines Lebens sind viele tausendmal von Künstlern, Dichtern und Weisen dargestellt und erzählt und besungen und gemalt und gemeißelt worden, wie keines Fürsten und Mächtigen Bild und Taten, und sein Name und Ruf kam als ein Lebenslied und Gottestrost bis in unsere Zeit herüber, und alles, was er sprach und tat, klingt heute so kraftvoll neu wie zu seiner Zeit vor siebenhundert Jahren.«

Wie Paul Sabatier[25] kennzeichnet Hesse den Beginn des neuen Lebensweges des Franziskus mit dessen engagierten Bemühungen um die Wiederherstellung ruinöser Landkirchen und -kapellen, insbesondere des Gotteshauses von San Da-

24 WA VI, S. 175-180.

25 Paul Sabatier, *Leben des Heiligen Franz von Assisi*, S. 50.

miano (heute in Santa Chiara, Assisi) und der Lieblingskirche des Heiligen, der Portiuncula in Santa Maria degli Angeli bei Assisi. Das eigentlich entscheidende Ereignis im Leben des Franziskus ist für Hesse jedoch die Berufung des Heiligen zum apostolischen Wanderprediger, ausgelöst durch die Perikope Matthäus 10, 7-14 am Matthias-Tag (24.2.) 1208. Die Predigttätigkeit des Franziskus beschreibt Hesse mit eindringlichen Worten.

Troubadour, singender Pilger, pilgernder Wandersmann, Spielmann und singender Vogel sind nur einige der Attribute, durch die Hesse den Heiligen als Prediger charakterisiert. Der Überzeugungskraft, mit der Franziskus in Worten wie Taten die Zielsetzung bedingungsloser christlicher Lebensführung zu konkretisieren vermochte, schreibt Hesse es zu, daß dem Poverello die ersten Jünger folgten, die 1209 in Rom aufgrund der Fürsprache des anwesenden Bischofs Guido von Assisi durch Innozenz III. die mündliche Genehmigung ihrer Lebensform erhielten. Wenn Hesse auch das Leben des Franziskus stets mit innerer Anteilnahme, bisweilen sogar mit Enthusiasmus darstellt, so basiert seine Erzählung doch weitgehend auf den historischen Fakten der Überlieferung, die er vornehmlich in Paul Sabatiers Monographie vorfindet. Der Bericht über die Heimkehr des Franziskus mit seinen Brüdern aus Rom und die Schilderung über die weitere Entwicklung des Minoritenordens einschließlich des 1212 gegründeten Ordens der Klarissinnen ist nach den Quellen verbindlich wiedergegeben. Das gilt auch für Hesses Bemerkungen über den Tod des Heiligen:

»Wenige Tage vor seinem Ende ließ er sich in die Portiuncula bringen, welche er recht als seine Heimat betrachtete und lieb hatte. Da lag er, den Tod erwartend, lächelnd und voller Güte, und redete noch manche tröstliche Worte zu seinen Gefährten. Sie mußten ihm noch einmal die laudes creaturarum vorsingen, und er segnete sie und auch die entfernten Brüder und Schwestern, ja alle Menschen, so daß von seinem Sterbelager noch ein Strom von Liebe ausging. Danach starb er, am 3. Oktober 1226, gegen den Abend. Und im Augenblicke, da er verschied, ließ sich auf dem Dach seiner Hütte eine große Schar von Lerchen nieder, welche einen lauten Gesang anstimmten.«

Obwohl Hesse in seiner Franziskus-*Vita* mit Nachdruck die Faktizität des Geschehens betont, ist offensichtlich, daß er sich nur auf die wichtigsten historischen Daten beschränkt, die unbedingt zum Verständnis des dargebotenen Stoffes notwendig sind. Im Mittelpunkt seiner Darstellung steht die erbauliche Illustration der von Franziskus verwirklichten erstrebenswerten Lebensform und indirekt die Aufforderung zur Imitation des Bekennerlebens. Diese paränetische wie homiletische Tendenz ist für Hesses Erzählweise richtungsweisend. Gelegentlich schon hatte er in seine Monographie Legenden eingefügt, insbesondere um die außerordentliche Tierliebe des Franziskus zu dokumentieren. So berichtet Hesse etwa die Geschichte von Franziskus und den Turteltauben oder wie dieser einen gefangenen Fisch wieder freiließ. Diese Legenden übernahm Hesse von Paul Sabatier.[26] Im Anhang seiner Monographie bietet er fünf Franziskus-Legenden ohne Quellenangabe. Die Vorlage, nach der Hesse diese Legenden nacherzählt, läßt sich jedoch ohne weiteres ermitteln. 1905 waren die *Fioretti* in deutscher Übersetzung von Otto von Taube als Neuausgabe erschienen,[27] die Hesse in einem Brief vom 25.10.1904 schon erwähnt[28] und 1905 in verschiedenen Zeitschriften rezen-

26 *Leben des Heiligen Franz von Assisi,* a.a.O. S. 132. Sabatier (ebd. S.320) entlehnt diese Erzählungen aus Thomas von Celano, Bonaventura, dem *Speculum perfectionis* und den *Fioretti.*

27 Otto von Taube, *Blütenkranz des Heiligen Franziskus von Assisi,* Jena/Leipzig 1905.

28 Hermann Hesse, *Gesammelte Briefe. Erster Band 1895-1921,* a.a.O. S. 129: Brief vom 25.10.1904 aus Gaienhofen an Helene Voigt-Diederichs: »Da fällt mir ein: ist die angekündigte Neuausgabe der ›Fioretti‹ nicht erschienen? Ich erwarte sie sehr.«

sierte.[29] Nach der Übersetzung von Otto von Taube dürfte Hesse die von ihm dargebotenen Legenden in einem archaisch-volkstümlichen Stil nacherzählt haben. Es handelt sich dabei in dieser Reihenfolge um die Kapitel 8, 10, 16, 36 und Appendix 2 der *Fioretti*. Zum Inhalt haben diese Geschichten, wie Franziskus den Bruder Leo über die vollkommene Glückseligkeit unterrichtet, Bruder Masseo Franziskus angeblich beschimpft, Franziskus die Schwalben schweigen läßt, dem Bruder Leo eine Vision deutet und ein Falke auf dem Berg Alverno Franziskus zum Matutingebet weckte. Zuweilen hat Hesse den Text der Vorlage in seinen Nacherzählungen gekürzt und im Interesse einer konzisen erbaulichen Darstellung auf das Wesentliche beschränkt. Nach den Legenden druckt Hesse den Text des berühmten *Cantico delle creature (Laudes creaturarum)* des Franziskus ab mit einer wortgetreuen deutschen Übersetzung, die er mit feierlich betonten Worten einleitet:

»Er [Franziskus] sang und dichtete bei Tage und bei der Nacht, denn er gedachte an alle Schönheit der Erde und an alle Tröstung und Gnaden, womit ihn sein guter Gott gesegnet, an seine vielen Brüder und an die Berge und Täler der Einsamkeit, wo er Gott geschaut hatte, auch an die Flüsse und Fluren sowie Tiere und Gevögel, woran er seine Freude und Erquikkung gehabt. Und eines Tages, da er beten wollte, sang er an Betens Statt ein Lied, darin er alle Kreaturen ermahnte, den Herrn zu preisen. Dieses sind die laudes creaturarum, welche man auch des Franziskus ›Sonnengesang‹ nennt.«

Die *Conclusio* seiner Franziskus-Monographie gibt Hesse Gelegenheit, die Bedeutung des italienischen Heiligen noch einmal zu würdigen und dessen Wirkung auf die Nachwelt skizzenhaft darzustellen. Hesse zufolge widerfuhr keinem Menschen über Jahrhunderte besonders in Italien so vielfache Huldigung als dem demütigen Franziskus:

29 Vgl. J. Mileck, *Hermann Hesse. Biography and Bibliography,* University of California Press, Berkeley/Los Angeles/London 1977, Bd. II, S. 811, 817.

»Vor allem haben ihn die Künstler hoch gefeiert, für welche er ein Erlöser und Erwecker geworden ist.«

Als besonders eindrucksvolles Zeugnis dieser Verehrung gelten Hesse in diesem Zusammenhang die Franziskus-Zyklen des berühmten italienischen Malers Giotto di Bondone aus dem 14. Jahrhundert:

»Denn diese Bilder zeigen nicht nur die Taten und Begebenheiten seines Lebens, sondern sie sind auch gleichsam ein begeistertes Lied, aus dem Geiste des Seligen geboren. Die überaus kühne und inbrünstige Kunst des Giotto ist im Grunde kaum etwas anderes als ein gewaltiger Widerhall der Stimme jenes großen Sängers und Predigers. Wir können häufig wahrnehmen, daß ein lebenskräftiger und tiefer Geist stets wieder in neuen Formen und Verwandlungen redet und sich mitzuteilen strebt; so hat ja zum Exempel der Geist Christi sich je nach dem Wesen der Zeiten in gar vielerlei ausgesprochen. Hat er nicht in Zeitläufen, da Lehre und Predigt versiegt und unkräftig geworden waren, durch Dichter und Lehrer und große Musiker geredet? Und in den Zeiten, da die Kirche am tiefsten in Sünde und Verfall geraten war, redete er mit neuer Gewalt durch die Werke der Maler, Baumeister und Steinmetzen!«[30]

Nach Hesses Worten hat keine Menschengestalt über Generationen hinweg eine derart tiefgreifende Sehnsucht der Menschheit nach Liebe, Hoffnung und eschatologischer Erwartung geweckt wie Franziskus. Das bezeugen für ihn nicht nur die unübersehbare Zahl der typologischen und symbolischen Franziskus-Darstellungen in der Kunst, sondern auch die vielfältige Legendenliteratur über den Heiligen und nicht zuletzt der Einfluß des Franziskus auf die Dichtkunst:

»Sodann haben nicht wenige Dichter aus seinem Gefühl und Geiste heraus geschrieben und gesungen. Diese Nachfolger

30 Zur Darstellung des Franziskus in der Kunst vgl. unter anderem G. van's Hertogenbosch, *Franz von Assisi*, in: Lexikon der christlichen Ikonographie, Bd. VI (Freiburg 1974) S. 260-315.

und Verehrer des Franziskus bedienten sich zumeist, noch viel früher als Dante, der Volkssprache und müssen als die Vorläufer oder Begründer der italienischen Dichtkunst in Versen angesehen werden.«

Damit hat Hesse die Bedeutung des *Cantico delle creature (Laudes creaturarum)* als wichtiges Zeugnis italienischer Poesie in volkstümlicher, schlichter Sprache erkannt, mit dem in Italien die eigenständige Lyrik ohne provenzalischen und französischen Einfluß einsetzte.

Als einen der ersten Nachfolger des Franziskus, die teils in lateinischer, teils in italienischer Sprache schrieben, nennt er als signifikantes Beispiel den Franziskus-Biographen Thomas von Celano als Verfasser der berühmten Sequenz *Dies irae, dies illa.* Unter der Einwirkung von Franziskus sieht Hesse auch den italienischen Franziskanermönch Giacomino da Verona mit seinen religiösen Dichtungen und seiner Darstellung von Hölle und Paradies, die zu den bekanntesten Zeugnissen der Jenseitsdarstellung vor Dante gehört. Doch der eindrucksvollste Zeuge im Geiste des Franziskus ist für ihn der italienische Franziskaner Jacopone da Todi, der vermutliche Verfasser des bekannten Hymnus *Stabat mater,* dessen leidenschaftliche Dichtungen tiefes religiöses und mystisches Empfinden widerspiegeln, Geißelung, Buße und Weltverachtung artikulieren, während bei Franziskus die fröhliche Demut vorherrscht.

Ebenso überwältigend wie für die bildende Kunst ist das Bekenntnis des Franziskus aus Hesses Sicht auch für die Poesie und Geistesgeschichte gewesen:

»Wenn einer mich fragen wollte: wie magst du jenen Franz einen gewaltigen Dichter nennen, da er uns doch nichts hinterlassen hat als jene laudes creaturarum? dem würde ich antworten: er hat uns die unsterblichen Bilder des Giotto, und alle die schönen Legenden und die Lieder des Jacopone und aller der anderen, und tausend köstliche Werke geschenkt, welche alle ohne ihn und ohne die geheime Liebesmacht seiner Seele niemals entstanden wären. Und er war einer von den rätselhaften Großen, einer der frühesten, welche unbewußt an jenem wundersamen Riesenwerke gebaut haben, welches wir die Renaissance, das ist die Wiedergeburt des Geistes und der Künste, nennen.«

Wenn Hesse es auch nicht ausdrücklich erwähnt, so ist doch offensichtlich, daß er sich hier in seinem Urteil Jacob Burckhardt[31] verbunden fühlt, der die historische Bedeutung des Franziskus unterstreicht.

Mehr allerdings als die Wirkung des Franziskus auf die Kunst und Dichtung fasziniert Hesse letztlich doch die von dem Heiligen praktizierte Lebensform als normatives Erbe zeitloser geistiger Werte und grundlegender Tugenden eines leitbildhaften Lebens schlechthin:

»Und es gibt wenige, welche ... allein wegen ihres reinen und adeligen Wesens durch Jahrhunderte geliebt und bewundert werden und gleich seligen Sternen über uns in der reinen Höhe stehen, golden und lächelnd und gütige Führer und Leiter für die im Dunkel dahintreibenden Irrfahrten des Menschen.«

Mit diesen panegyrischen Worten beschließt Hesse seine Betrachtung über Franz von Assisi. Der erklärte Zweck seiner Erzählung ist die Besinnung auf das Ideal geistigen Menschtums. Obwohl Hesse das Biographische über Franziskus auf ausgewähltes, aber ausdrucksstarkes Detail beschränkt und eine sinn- oder andachtsbildartige Darstellung auf das erbaulich Wesentliche anstrebt, ist ein zuweilen handlungsfreudiges und episodisch ausbreitendes Erzählen unverkennbar. Diese Gestaltungsweise ist darauf ausgerichtet, dem Geschehen und dem ins Menschlich-Liebliche transponierten Heiligenbild des Franziskus Emotionalität zu verleihen. Geschehnisbericht und kontemplative Betrachtung stehen in einem harmonischen

31 *Die Kultur der Renaissance in Italien,* Lizenzausgabe für Manfred Pawlak (Nachdruck), Herrsching 1981, S. 523, Anm. 12.

Verhältnis. Aus dieser Formtendenz ergibt sich eine sowohl volkstümlich erbauliche wie reizvoll lebendige, mitunter lyrisch getönte Erzählung.

Das Erscheinen der deutschen Übersetzung der *Fioretti* von Otto von Taube, war – wie oben schon erwähnt – für Hesse ein willkommener Anlaß, sich erneut mit Franziskus zu beschäftigen. Am 21. Mai 1905 besprach er dieses Buch in der *Neuen Zürcher Zeitung* und am 2. Juni desselben Jahres in den *Propyläen*, der Kulturbeilage der *Münchner Zeitung*. Eine weitere Rezension erschien im Oktober 1905 in der Zeitschrift *Der Kunstwart*. Bevor Hesse dort auf das Buch von Otto von Taube eingeht, gibt er einführende Informationen über die *Fioretti di San Francesco*, die er als schönste und wichtigste Sammlung von Legenden bezeichnet und als Zeugnis der volkstümlichen Verehrung des Franziskus würdigt:

»Zum Teil ohne Zweifel schon zu Franzens Lebzeiten entstanden, gingen sie lange Zeit von Mund zu Mund und waren der schlichte Ausdruck jener fast schalkhaft zärtlichen Liebe und Verehrung, mit der das Volk an dem Poverello, seinem populärsten und liebenswürdigsten Heiligen, hing. Und wirklich ist dies Legendenbuch, wenn auch keine zuverlässige Quelle für die vita Francisci, ganz erfüllt und durchleuchtet vom Geist des Umbriers.«

Die erste Redaktion der *Fioretti* schreibt Hesse folgerichtig nach der ältesten erhaltenen Handschrift aus dem Jahr 1396 einem anonymen Autor oder Kompilator zu. Für Italien gehört das Werk nach Hesses Worten zu den beliebtesten Volksbüchern als sprachliches Kleinod des *trecento*. Unverständlich ist es für ihn, daß diese ergriffene und ergreifende, in ihrer rührenden Schlichtheit poetische Beschreibung eines von Anbeginn entrückten und ekstatischen Lebens der deutschen Literatur erst im 19. Jahrhundert erschlossen wurde. Während die Übersetzungen von Franz Philipp Kaulen und P. Heinrizi kritisiert werden, findet die Übertragung von Otto von Taube seine Zustimmung:

»Nun ist endlich eine schöne, künstlerische, durchaus befriedigende deutsche Übertragung erschienen ... Die ganz vortreffliche Publikation, deren würdige Ausstattung samt den von F. H. Ehmcke gezeichneten Initialen alles Lob verdient, kann wirklich von sich sagen, daß sie eine Lücke ausfülle. Es ist fast unbegreiflich, daß nicht schon früher eine deutsche Neuausgabe der Fioretti erschien, denn die Teilnahme an Franz von Assisi ist seit mehr als zehn Jahren auffallend im Wachsen. Desto erfreulicher ist es, daß nun diese Taubesche Übersetzung eine einwandfreie, sympathische und schätzenswerte Leistung ist.«

Die zweifelsohne eingehendste Besprechung der Übersetzung von Otto von Taube veröffentlichte Hesse in der *Münchner Zeitung*. Nachdem er dort zunächst auf das Erscheinen der Übersetzung aufmerksam gemacht hat, leitet er die Anzeige des Buches mit orientierenden Informationen über Franziskus ein, die sich zu einer kurzen *Vita* des Heiligen ausweiten und in konturenhaft festen, vereinfachenden Strichen den Lebensweg des Poverello von der Geburt bis zum Tode nachzeichnen. Während die von Beseelung und emotionaler Belebung durchdrungene Franziskus-Monographie mehr ein erzählendes enkomiastisches Andachtsbild darstellt, ist der vitahafte Grundriß in der *Münchner Zeitung* ein fast nüchterner Bericht nach Art einer historischen Biographie. Was in der Monographie materialreich und explizit nebeneinandergestellt ausgeführt wird, erscheint jetzt in klarer Komposition und Konzentration. Der schlichte Bericht zielt nicht so sehr auf das fromme Miterleben bei Hörern und Lesern und ist weniger auf das zu erbauende Publikum abgestimmt und von seiner Perspektive aus angefüllt mit religiösen Begleitgefühlen als die Monographie.

Auf dem geschichtlichen Hintergrund der Ereignisse des 12. und 13. Jahrhunderts charakterisiert Hesse in der *Münchner*

Zeitung Herkunft, weltliche Erziehung und das soziale Milieu des Franziskus. Chronologisch berichtet er über die Teilnahme des Franziskus am Verteidigungskampf gegen Perugia, seine Gefangenschaft und seine leidenschaftliche Hingabe an das weltliche Leben. Interessant ist in diesem Zusammenhang, wie Hesse in der jugendlichen Lebensfreude des Franziskus schon Anzeichen seiner späteren konsequenten Entscheidung für die apostolische Armut zu entdecken glaubt:

»Schon in diesem spielerischen, noch halb knabenhaften Treiben zeigt er die Gebärden eines Menschen, der nichts halb tun kann, der für sein Leben ein tiefes Begehren, ein Ideal braucht, und diesem mit völliger Hingabe folgen muß. Er will das Tiefste und Edelste des Lebens kosten, und wo er den Weg dazu ahnt, kennt er kein Zögern. Aber er hat das unschätzbare Erbteil einer unzerstörbaren inneren Heiterkeit, etwas von der Natur eines Singvogels; ein Lächeln, ein Lied, ein herzliches Wort fehlt ihm nie. Diese beiden Grundzüge – das leidenschaftliche Streben zur Höhe und dabei die fröhliche Harmlosigkeit und Herzlichkeit des Kindes – erklären sein ganzes Wesen und Leben.«[32]

Die Jugendgeschichte des Franziskus ist für Hesse von farbig novellenhaftem, fast kokettem Reiz und steht aus seiner Perspektive nicht unbedingt im Widerspruch zur neuen religiösen Lebensphase des Poverello. Vielmehr erkennt Hesse im Wesen des den weltlichen Freuden ergebenen Franziskus elementare Charaktereigenschaften für dessen nach der Konversion praktizierte Nächstenliebe:

»Aber alle jene liebenswerten Züge des Jünglings, die stets zu Gesang und Scherz bereite Heiterkeit, die Freude am Schönen, die bald begeisterte, bald fast schalkhafte zierliche Ritterlichkeit gingen ihm nicht verloren. Auf dem Grund eines großzügig schlichten, gewaltigen Lebensernstes gewann sie

32 Vgl. S. 80.

eine neue, höhere, geistigere Schönheit und umgeben die Gestalt des Dulders und Heiligen mit einem Hauch von Kindlichkeit und ewig junger Anmut, der ihm Tausende von Herzen gewann.«[33]

In der Befolgung des Evangeliums und des Postulats apostolischer Armut sieht Hesse für Franziskus den unmittelbaren Weg zur Erlangung der inneren Freiheit:

»Franz erfaßte mit seiner harmlosen stets auf's gegenwärtige und tätige Leben gerichteten Art Jesu Worte ohne jeden Versuch einer dogmatisierenden Exegese vor allem in ihrer Bedeutung für das tägliche, praktische Leben. Und so griff er mit instinktiver Erkenntnis des Wesentlichen auf die Vorschrift der apostolischen Armut zurück. Völlige Besitzlosigkeit erkannte er als die einzige Möglichkeit zur inneren Freiheit ...«[34]

Es ist nur allzu verständlich, daß Hesse wie schon in der Franziskus-Monographie auch in der *vita* die tiefgreifende Naturliebe des Heiligen als wesentliches Element der zeitlosen Ausstrahlungskraft des Poverello anspricht:

»In diesem tiefen Naturgefühl ruht auch der geheimnisvolle Zauber, den Franz noch heute und auch auf religiös Indifferente übt. Das dankbar freudige Lebensgefühl, mit dem er alle Kräfte und Geschöpfe der sichtbaren Welt als verbrüdert und ihm verwandte Wesen begrüßt und liebt, ist frei von jeder kirchlich gefärbten Symbolik und gehört in seiner zeitlosen Menschlichkeit und Schönheit zu den merkwürdigsten und edelsten Erscheinungen jener ganzen spätmittelalterlichen Welt.«[35]

Zur Information über das weitere Leben des Franziskus, seine berühmte Reise auf den Berg Alverno, das Mysterium

33 Ebd. S. 83.
34 Ebd., S. 83.
35 Ebd. S. 86.

seiner Stigmatisation und die Geschichte seines Sterbens[36] verweist Hesse im folgenden unter Angabe von skizzenhaften Lebensdaten des Franziskus auf die *Fioretti*. Zur kulturellen Bedeutung des Heiligen zitiert er das Werk von Henry Thode, um abschließend dann noch einmal die *Fioretti* als beliebtestes Volksbuch Italiens in seiner Tragweite auch für die Entwicklung der italienischen Novellenliteratur zu würdigen:

»Die Fioretti, trotz ihres frommen Inhalts ein Vorläufer der italienischen Novellenliteratur, sind das schönste und unvergänglichste Denkmal, das je ein großer Mensch in der Literatur seines Volkes gefunden hat. Sie sind nicht historische Zeugnisse für das Leben und die Taten und Worte des Franziskus, aber sie sind bis in kleinste Züge voll vom Liebreiz und Ernst seiner Persönlichkeit und sie stellen den Heiligen so dar, wie er im pietätvollen Andenken des Volkes jahrhundertelang lebte und noch immer lebt.«[37]

Dies Urteil bezeugt, wie sehr Hesse von der Lektüre der *Fioretti* in der Übersetzung Otto von Taubes fasziniert war, die er nach Ausweis seines Briefes vom 5. Dezember 1904 an den Verleger Diederichs schon in den Druckfahnen gelesen hatte.[38]

Als 1911 die deutsche Übersetzung der *Fioretti* von Rudolf G. Binding[39] erschien, rückte der heilige Franziskus wieder in den Mittelpunkt von Hesses Betrachtung und bot ihm im Zusammenhang mit einer Ankündigung der Übersetzung Gelegenheit, Franziskus in der Zeitschrift *März*[40] als einen exemplarischen Menschen erneut herauszustellen, wobei er die Menschlichkeit des Franziskus nicht einzig und allein als Aus-

36 Ebd. S. 86.

37 Ebd. S. 86.

38 Hermann Hesse, *Gesammelte Briefe. Erster Band 1895-1921*, a.a.O. S. 131.

39 *Die Blümlein des heiligen Franziskus von Assisi*, Leipzig 1911, ²1935, Frankfurt a.M. ³1973 (insel taschenbuch 48).

40 »März. Eine Wochenschrift«, hg. von Ludwig Thoma und Hermann Hesse, 6. Jahrg., Bd. I (München 1912) S. 279.

druck christlichen oder gar konfessionellen Denkens auffaßt, sondern als Symbol der Humanität im weitesten Sinn. Das ist auch ersichtlich aus Hesses offenem Brief vom 5. August 1915 an den Dichter Christian Wagner in der *Neuen Zürcher Zeitung*, wo er Wagner in seiner Weltanschauung mit einem Hinweis auf Franziskus bekräftigt:

»Sie haben immer in der höchsten, in der einzigen Wirklichkeit gelebt, im Unzerstörbaren und in Ihren guten erhabenen Stunden haben Sie nicht Ruhm oder Reichtum geträumt, sondern waren daheim bei Ihrem Gott, als dessen armer Sänger und geheimer Gesandter Sie über die Erde gingen gleich dem heiligen Franz, von welchem Sie nichts wußten und wohl auch nichts wissen wollten, denn Sie hatten sich von der Christlichkeit längst weit entfernt in ein frommes Heidentum, dessen Gott jenseits der Konfessionen stand.«[41]

Wie sehr Hesse sich darum bemühte, Franziskus losgelöst von jeglicher christlichen Dogmatik als menschliches Ideal schlechthin zu deklarieren, beweist sein Brief[42] vom 23. März 1921 an Lisa Wenger und nicht zuletzt auch seine Replik[43] auf Briefe nationalistischer Studenten im zweiten Heft der Zeitschrift *Vivos voco* von 1921/22.

Bevor Hesse die letzten beiden Briefnotizen über den Poverello niederschrieb, hatte er sich bereits 1919/20 wieder dem Thema Franz von Assisi zugewandt und eine Legende *Das Blu-*

41 Hermann Hesse, *Gesammelte Briefe. Erster Band 1895-1921*, a.a.O. S.280.

42 Ebd. S. 468: »Ja, und was die Religion und Moral und alles das angeht, und die Frage, ob Buddhismus oder Christentum oder Laotse – darüber werden wir gewiß noch oft sprechen. Ich für mich glaube durchaus nicht, daß es eine beste und einzige wahre Religion oder Lehre gibt ... Wenn zartes Mitfühlen, Güte und Mitleid das Höchste sind, dann war Franz von Assisi einer der größten Menschen.«

43 Ebd. S. 487. In diesem Brief polemisiert Hesse gegen den deutschen nationalen Pseudogeist seiner Zeit und schreibt unter anderem: »Man muß sich nur so weit verwelschen und internationalisieren, daß man von Welschen und Ausländern wie Jesus, Franz von Assisi, Dante, Shakespeare zu lernen bereit ist.«

menspiel: Aus der Kindheit des heiligen Franz von Assisi in *Velhagen und Klasings Monatsheften* im Februar 1920 veröffentlicht.[44] Diese Geschichte schildert eine Szene aus der Kindheit des zwölfjährigen Franziskus, bei der es sich um eine Fiktion Hesses handelt, die durch keine historische Quelle zum Leben des Heiligen verbürgt ist. Mit zarten poetischen Tönen erzählt Hesse, wie der Knabe Franziskus an einem stillen und warmen Spätnachmittag neben der Vortreppe seines Elternhauses sitzend, sich verträumt der Sehnsucht nach einem glanzvollen Leben als Ritter in der Fremde gemäß dem Vorbild Orlandos und Lanzelots hingibt. Mit intuitiver Sensibilität versteht Hesse es, in romantischer Verklärung mittelalterlichen Milieus die imaginäre Vorstellungswelt des kindlichen Franziskus auszumalen:

»Blinzelnd schaute Franz unter der Locke hervor ... ein schmaler Blick ins Weite ging, auf die umbrische Talebene hinab zu den jenseitigen Bergen, an deren Hang eine kleine Stadt mit weißem Glockenturm unendlich klein und ferne klebte, und dahinter blaue Luft und farbige Ahnung der Welt. Wie war das schön und wie quälend, dahinten alles zu wissen, alles, alles, Ströme und Brücken, Städte und Meere, Königsburgen und Heerlager, Reiterscharen mit Musik, Helden zu Pferde und schöne adlige Frauen, Turniere und Saitenspiel, goldene Rüstungen und rauschende Seidengewänder, alles bereit, alles wartend, alles eine gedeckte Tafel für den, der kam, der Mut hatte und es an sich riß.«[45]

Den seelischen Konflikt, der Franziskus in seinen träumerischen Gedanken über eine Entscheidung zwischen dem geborgenen, wohlbehüteten Leben im Elternhaus und einem ungewissen Dasein als Ritter plötzlich übermannt, vermag Hesse, mit bemerkenswert psychoanalytischem Einfühlungsvermögen nachzuvollziehen:

44 Vgl. S. 88.
45 Ebd. S. 89.

»Franz schauderte ... Es war scheußlich. Wenn man dachte, wieviel Gutes auf Erden war, wieviel Schönes, Angenehmes, Wohlschmeckendes. Oh, was für gute Sachen! Ein Kaminfeuer im Herbst mit bratenden Kastanien darin, und ein Blumenfest im Frühjahr mit den weißgekleideten Töchtern der Edelleute ... War es nun notwendig, das alles aufs Spiel zu setzen? Bloß ... um von einem König zum Herzog ernannt zu werden? Mußte es sein? War das richtig? ... Er spürte die Forderung. Ein Ideal war aufgestellt. Ein Ruf war an ihn ergangen, ein Feuer war in ihm entzündet. Aber warum war das, was das Schönste schien, das Heldentum, so schwer, so schwer? Warum mußte man denn wählen, opfern, sich entscheiden? Konnte man denn nicht einfach das tun, was einem gefiel? Ja, aber was gefiel einem denn? Alles und nichts, alles für einen Augenblick, nichts für immer. Ach, dieser Durst! Ach, diese zehrende Gier! Und so viel Qual und heimliche Furcht war dabei!

Zornig stieß er den Kopf gegen die Knie. Also, wenn schon – er wollte ein Ritter werden.«[46]

Durch eine an seinem Elternhaus vorbeiziehende, mit Blumen geschmückte Kinderschar, die sich mit kindlichem Eifer dem Spiel der Prozession widmet und die heilige Jungfrau Maria durch Gesang verehrt, läßt Hesse Franziskus aus seinen Träumen in die Realität zurückkehren.[47] Der Anblick dieses frommen Schauspiels, besonders eines kleinen mit gläubiger Hingabe inbrünstig singenden Knaben motiviert Franziskus, sich der pilgernden Kinderschar als Anführer anzuschließen und die Knaben und Mädchen mit Lilien zu beschenken, die er heimlich, jedoch widerstrebend aus dem Garten seiner Mutter entwendet:

»Jetzt kam er zurück und jedes Kind bekam eine Lilie zu tragen. Er selber behielt eine in der Hand, trat an die Spitze des Zuges und ging voraus ..., und als sie endlich singend auf den

46 Ebd. S. 90 f.

47 Ebd. S. 91 f.

Domplatz kamen, ... da war es eine große Schar. »Mille, mille fiori«, sangen sie; und vor dem Dom begannen sie zu tanzen, und Franz, voll Eifer, mit glühenden Wangen, tanzte vor ... Gelächter und Beifall mischten sich darein, der spielerische Gottesdienst blühte einen Augenblick zu einem kleinen frohen Feste auf, wie auf den Lippen kleiner Mädchen ein Kinderlachen zum Jungfernlächeln wird.«[48]

Erregt kehrt Franziskus zur Vesperstunde nach Hause zurück, widerwillig geht er nach dem Essen zu Bett, quält sich mit Selbstvorwürfen, daß er durch kindliches Spiel sich von seinen Träumen von Ritterschaft und männlichen Pflichten hat ablenken lassen und die Lilien der Mutter abgepflückt hatte.[49] Erst als die Mutter in sein Zimmer tritt, seine Selbstanklage zu zerstreuen versucht, ihn beschwichtigt und tröstet, klingt seine Erregung ab.

Die Gedanken und Empfindungen, die die Mutter beim Anblick des einschlafenden Knaben bewegen und in prophetischer Weise das zukünftige, außergewöhnliche Leben des Franziskus vorausahnen lassen, bilden den Schlußakkord zu Hesses Erzählung:

»Sie mußte noch eine Weile bei ihm bleiben und seine Hand halten. Es war ihr seltsam ums Herz, wenn sie die Kindlichkeit seiner Wünsche und Vorsätze mit der Leidenschaft und schmerzlichen Erregung verglich, zu der sie ihn reizten. Dieser Kleine würde viel Liebe erleben, das war gewiß, aber auch viel, viel Enttäuschung. Ein Ritter würde er wohl nicht werden, das waren Träume. Aber irgend etwas nicht Gewöhnliches war ihm doch wohl beschieden, im Guten oder Bösen.

Sie machte im Dunkeln das Kreuz über ihm und nannte ihn bei sich im Herzen mit jenem Namen, den er später sich selber beilegte: Poverello.«[50]

48 Ebd. S. 93 f.
49 Ebd. S. 94.
50 Ebd. S. 96.

Angesichts der in dieser Erzählung mit gesteigerter innerer Anteilnahme Hesses geschilderten Konflikt-Situation des jugendlichen Franziskus drängt sich unwillkürlich der Gedanke auf, daß die Konflikte des Franziskus die Problematik seiner eigenen Kindheit hineinprojiziert haben könnte. Schon in seinem dreizehnten Lebensjahr stand für Hesse der Entschluß fest, ein Dichter zu werden, verbunden mit dem Bedürfnis nach Freiheit von der pietistischen Autorität des Elternhauses. Andererseits sehnte er sich nach familiärer Geborgenheit und Wärme. Diese Spaltung in zwei Charaktere spiegelt deutlich die Diskrepanz zwischen dem Ideal des Dichters, der er zu sein wünschte, und dem realen Kind, das er tatsächlich war. In seinen kurzen autobiographischen Skizzen und Erzählungen verarbeitet er viele Episoden, die auf sein damaliges ambivalentes Leben hinweisen: seine häufigen Träumereien, das Planen verwegener Abenteuer und Stimmungswechsel bis zur Widerspenstigkeit. Durchaus selbstbewußt, ist Hesse auf diesem Weg erwachsen geworden, ein Prozeß, bei dem er ständig Gefahr lief, zu verzweifeln. So jung Hesse auch war, lebte er wie der Knabe Franziskus seiner Schilderung ständig in der Furcht, irgendeine Sünde begangen zu haben. Seine ausgewählten Kindheitserinnerungen sprechen von allen möglichen Überschreitungen, gestohlenen Feigen oder einem zerstörten Schmetterling, deretwegen er sich mit Selbstvorwürfen marterte.[51] Am deutlichsten taucht die Vorstellung Hesses von einem zwiespältigen Leben in seinem *Demian*[52] auf, seinem Standardwerk über die Nöte der Kindheit und Pubertät, dessen erstes Kapitel er *Zwei Welten*[53] genannt hat. Die eine war die Welt seines Elternhauses und der Geborgenheit, die andere die Welt der verlockenden Mächte, das Fremde und Ungewisse.

51 Vgl. Hesses Erzählungen »Kinderseele« und »Das Nachtpfauenauge« sowie Ralph Freedman, *Hermann Hesse*, a.a.O. S. 42-43.

52 WA V, S.5-163.

53 Ebd. S. 9.

Aufgrund dieser offensichtlichen Parallelen zwischen der von ihm geschilderten Kindheit des Franziskus und seiner eigenen ist nicht auszuschließen, daß Hesse insbesondere in den dargestellten Konflikten des Poverello die Probleme seiner persönlichen Pubertät umrißhaft angelegt hat.

Die Legende *Das Blumenspiel: Aus der Kindheit des heiligen Franz von Assisi* muß Hesse selbst besonders interessiert haben. Noch zu Lebzeiten hat er sie noch mehrmals abdrucken lassen. 1936 erschien sie in seinem *Fabulierbuch*,[54] das zwischen 1904 bis 1927 verstreut publizierte Legenden und Erzählungen Hesses enthält. Im Jahre 1938 wird die Schilderung in einer Auflage von 2000 Exemplaren als bibliophile Ausgabe gedruckt.[55] 1952 erschien die Erzählung in Hesses Sammlung *Glück*.[56] Zugleich wurde die Geschichte auch in verschiedene Sprachen übersetzt,[57] darunter auch ins Italienische.[58]

Neuauflagen seiner Franziskus-Arbeiten gaben Hesse immer wieder Anlaß, sich dem italienischen Heiligen zu widmen. So erschien 1947 eine selbständige Ausgabe seiner Übersetzung der *Laudes creaturarum*, die er erstmals in seiner Franziskus-Monographie vorgestellt hatte und am 1. November 1920 abermals in der Monatsschrift *Vivos voco*[59] publizierte. Er-

54 Hermann Hesse, *Fabulierbuch. Erzählungen,* Berlin 1935, vgl. WA IV, S.171-525.

55 *Hermann Hesse, Aus der Kindheit des heiligen Franz von Assisi,* Mainz (Albert Eggebrecht-Presse) 1938, 24 SS. (unpaginiert). Kl 8°. Vgl. J. Mileck, *Hermann Hesse. Biography and Bibliography,* a. a. O., Bd. I, S. 202.

56 Hermann Hesse, *Glück*, Wien 1952; vgl. M. Pfeifer, *Hesse-Kommentar zu sämtlichen Werken,* a. a. O., S. 245-246.

57 J. Mileck, *Hermann Hesse. Biography and Bibliography,* a. a. O., Bd. II, S. 991, 1011, 1012, 1018, 1020.

58 Hermann Hesse, *Dall' infanzia di S. Francesco d'Assisi*, übersetzt von Rodolfo Paoli, in: Ecclesia (Vatican City) 7 (Rom 1948), S. 264-266; vgl. J. Mileck, *Hermann Hesse. Biography and Bibliography*, a. a. O., Bd II, S. 1008.

59 In der von Volker Michels zusammengestellten vortrefflichen Anthologie *Hermann Hesse. Italien* (Frankfurt a. M. 1983; suhrkamp taschenbuch 689) wurde Hesses Franziskus-Monographie mit dem *Sonnengesang* und die Erzählung *Aus*

wähnt sei in diesem Zusammenhang als Zeugnis für Hesses Beschäftigung mit Franziskus auch seine Replik[60] vom 16. Dezember 1934 auf die Volksausgabe[61] von Henry Thodes schon erwähntem Franziskus-Buch.

Wie Martin Pfeifer in seinem *Hesse-Kommentar* bezeugt, finden sich im Gesamtwerk Hesses wiederholt Anspielungen auf Franz von Assisi, so in der Erzählung *Morgenlandfahrt* von 1932 in *Montefalco* oder in der Legende vom *Tod des Bruder Antonio*. Auch in Hesses Briefen begegnen, wie oben bereits angesprochen, mehrfach Reminiszenzen an Franz von Assisi. In einem Brief vom März 1923 anläßlich des Erscheinens von Martin Bubers Werk *Der große Maggid und seine Nachfolge* spricht Hesse von Franziskus als einer gewaltigen Offenbarung.[62] Am 14. Mai 1931 bekundet er Franziskus als zeitloses, trostvolles Paradigma für eine an Werten arme Gegenwart.[63] Dieser Tenor verstärkt sich in Hesses Brief vom Dezember 1941, als sich im nationalistischen Deutschland Ungerechtigkeit, Terror und Menschenverfolgung ausbreiteten und etablierten. Um so zentraler und bedeutender wurden für Hesse nun christliches Mittelalter und das Weltbild des Franziskus ein geistiges Bollwerk gegen den irrationalen Zeitgeist und den Kulturverfall:

»Das ganze Mittelalter hindurch, seit dem 6. Jahrhundert und dem heiligen Benedikt, sind die Mehrzahl der Klöster nicht nur Übungsstätten der Askese und Weltferne gewesen, sondern Heimat aller Kultur, aller Gelehrsamkeit, aller Musik,

der Kindheit des heiligen Franz von Assisi neben Schilderungen, Tagebuchnotizen, Gedichten, Aufsätzen, Buchbesprechungen und Erzählungen zum Thema Italien erstmals wieder abgedruckt.

60 *Nationalzeitung*, Basel 1934, 16. Dezember, Nr. 582.

61 Henry Thode, *Franz von Assisi und die Anfänge der Kunst der Renaissance in Italien*, Wien 1934.

62 Hermann Hesse, *Gesammelte Briefe. Zweiter Band 1922-1935*. In Zusammenarbeit mit Heiner Hesse, ed. von U. und V. Michels, Frankfurt a. M. 1979, S. 54.

63 Ebd. S. 283.

des Schulwesens, der Krankenpflege und Armenpflege … Wenn ein heutiger Franziskus das Bedürfnis hätte, sich mit aller Menschennot der Welt möglichst innig zu verbinden, so müßte er sich mit einer Cernowitzer Jüdin verheiraten.«[64]

In seinem Brief vom 17. März 1947 an Walther Meier betont Hesse noch einmal mit Nachdruck, welche Bedeutung dem Lebens- und Charakterbild des Franziskus in der Gegenwart zukommt.[65] Franziskus wurde für ihn zur selben Zuflucht wie für seinen Peter Camenzind, zur Quelle des Trostes und der geistigen Verjüngung, zur bleibenden kreativen Inspiration seines Lebens und Werkes.

64 Hermann Hesse, *Gesammelte Briefe. Dritter Band 1936-1948*. In Zusammenarbeit mit Heiner Hesse, ed. von U. und V. Michels, Frankfurt a.M. 1982, S. 192.

65 Ebd. S. 408.

Inhalt

Zum Eingang 9

Das Leben des heiligen Franziskus 15

Legenden
St. Franziskus erklärt dem Bruder Leo, was vollkommene Freude ist 57
Wie St. Franziskus dem Bruder Masseo antwortete . . 59
St. Franziskus gebietet den Schwalben und predigt den Vögeln 60
St. Franziskus deutet dem Bruder Leo eine Erscheinung 62
Des St. Franziskus Falke auf dem Berg Alverno 64
Die laudes creaturarum 65

Zum Beschluß 69

Anhang

Der Blütenkranz des heiligen Franziskus von Assisi . . . 79
Das Blumenspiel: Aus der Kindheit des heiligen Franz von Assisi 88
Fritz Wagner
Franz von Assisi und Hermann Hesse 98

Zu dieser Ausgabe

insel taschenbuch 1069
Franz von Assisi
Von Hermann Hesse

Franz von Assisi. Von Hermann Hesse. Geschrieben im Mai 1904. Erstdruck im Oktober 1904 als Band XIII der Sammlung »Die Dichtung«. Herausgegeben von Paul Remer, Buchschmuck von Heinrich Vogeler im Verlag Schuster & Loeffler, Berlin und Leipzig. Unser Text folgt der revidierten Fassung, die 1983 in dem Sammelband H. Hesse, »Italien« (Herausgegeben von Volker Michels) veröffentlicht wurde. In den Anhang der vorliegenden Ausgabe wurden zwei Texte von Hermann Hesse zu Franz von Assisi aufgenommen: *Der Blütenkranz des heiligen Franziskus von Assisi.* Erstdruck als Buchbesprechung in »Neue Zürcher Zeitung« vom 21.5.1905, revidierte Fassung in »Die Propyläen«, Kulturbeilage der »Münchner Zeitung« vom 2.6.1905; *Das Blumenspiel: Aus der Kindheit des Heiligen Franziskus von Assisi.* Geschrieben im September 1919. Erstdruck in »Velhagen & Klasings Monatsheften« vom Februar 1920. Der Essay von Fritz Wagner *Hermann Hesse und Franz von Assisi* wurde erstmals 1986 in der Vierteljahresschrift »Franziskanische Studien«, Werl, veröffentlicht und für die vorliegende Ausgabe revidiert. Die farbige Reproduktion der in der Basilica di Francesco, Assisi, befindlichen Fresken von Giotto erfolgt mit freundlicher Genehmigung der Bildagentur SCALA.

Hermann Hesse
im Suhrkamp und im Insel Verlag
Eine Auswahl

Gebundene Sonderausgaben

Demian. Die Geschichte von Emil Sinclairs Jugend. Mit einem Nachwort von Volker Michels. 246 Seiten. Gebunden

Das Glasperlenspiel. Versuch einer Lebensbeschreibung des Magister Ludi Josef Knecht samt Knechts hinterlassenen Schriften. 608 Seiten. Gebunden

Narziß und Goldmund. Erzählung. Mit einem Nachwort von Volker Michels. 384 Seiten. Gebunden

Siddhartha. Eine indische Dichtung. Mit einem Nachwort von Volker Michels. 160 Seiten. Gebunden

Der Steppenwolf. Mit Texten und Entwürfen zur Entstehung des Romans. Mit einem Nachwort von Volker Michels. 352 Seiten. Gebunden

Unterm Rad. Erzählung. 214 Seiten. Gebunden

Sonderausgaben mit CD

Mit der Reife wird man immer jünger. Betrachtungen und Gedichte über das Alter. Herausgegeben von Volker Michels. Mit Fotografien von Martin Hesse. Gebundene Sonderausgabe mit CD. st 3551. 192 Seiten

Über das Glück. Betrachtungen und Gedichte. Gebundene Sonderausgabe mit CD. st 3731. 248 Seiten

NF 550/1/2.08

Hermann Hesse Lesebücher
Zusammengestellt von Volker Michels

Eigensinn macht Spaß. Individuation und Anpassung.
204 Seiten. Gebunden. it 2856. 192 Seiten

Die Einheit hinter den Gegensätzen. Religionen und Mythen.
207 Seiten. Gebunden. it 2898. 192 Seiten

Jedem Anfang wohnt ein Zauber inne. Lebensstufen.
207 Seiten. Gebunden. it 2854. 208 Seiten

Das Leben bestehen. Krisis und Wandlung.
208 Seiten. Gebunden. it 2858. 196 Seiten

Das Lied des Lebens. Die schönsten Gedichte.
240 Seiten. Gebunden. it 2859. 256 Seiten

Mit dem Erstaunen fängt es an. Herkunft und Heimat. Natur und Kunst. 206 Seiten. Gebunden. it 2899. 195 Seiten

Mit der Reife wird man immer jünger. Betrachtungen und Gedichte über das Alter. it 2857. 148 Seiten

Wer lieben kann, ist glücklich. Über die Liebe.
223 Seiten. Gebunden. it 2855. 224 Seiten

NF 550/2/2.08

Hermann Hesse
Die großen Romane und Erzählungen
im suhrkamp taschenbuch

Demian. Die Geschichte von Emil Sinclairs Jugend.
st 3852. 154 Seiten

Narziß und Goldmund. Erzählung. st 3854. 304 Seiten.

Peter Camenzind. Mit einem Nachwort von Siegfried Unseld.
st 3850. 162 Seiten

Siddhartha. Eine indische Dichtung. st 3853. 120 Seiten

Der Steppenwolf. st 3855. 229 Seiten

Unterm Rad. Roman. st 3851. 168 Seiten

Hermann Hesse in der Suhrkamp BasisBibliothek
Mit einem Kommentar von Heribert Kuhn

Demian. Die Geschichte von Emil Sinclairs Jugend.
SBB 16. 240 Seiten

Narziß und Goldmund. Erzählung. SBB 40. 408 Seiten

Peter Camenzind. SBB 83. 215 Seiten

Siddhartha. Eine indische Dichtung. SBB 2. 192 Seiten

Der Steppenwolf. SBB 12. 312 Seiten

Unterm Rad. Erzählung. SBB 34. 288 Seiten

NF 550/3/2.08

Hermann Hesse
Sämtliche Erzählungen
im suhrkamp taschenbuch

Erlebnis in der Knabenzeit. Sämtliche Erzählungen. 1899–1902. st 3801. 327 Seiten

Heumond. Sämtliche Erzählungen 1903–1905. st 3802. 288 Seiten

Das erste Abenteuer. Sämtliche Erzählungen 1905–1907. st 3803. 349 Seiten

Die Heimkehr. Sämtliche Erzählungen 1908–1910. st 3804. 353 Seiten

Der Weltverbesserer. Sämtliche Erzählungen 1910–1918. st 3805. 359 Seiten

Traumfährte. Sämtliche Erzählungen 1919–1955. st 3806. 364 Seiten

Hermann Hesse als Maler

Farbe ist Leben. Eine Auswahl seiner schönsten Aquarelle. Vorgestellt von Volker Michels. it 1810. 173 Seiten

Magie der Farben. Aquarelle aus dem Tessin. Mit Betrachtungen und Gedichten. Auswahl und Nachwort von Volker Michels. it 482. 128 Seiten

Spiel mit Farben. Der Dichter als Maler. Mit 230 Aquarellen von Hermann Hesse. Herausgegeben von Volker Michels. 276 Seiten. Gebunden

NF 550/4/2.08

Betrachtungen und Gedichte

Bäume. Betrachtungen und Gedichte. Mit Fotografien. Ausgewählt von Volker Michels. it 455. 140 Seiten

Die Gedichte. Herausgegeben und mit einem Nachwort von Volker Michels. 848 Seiten. Gebunden. it 2762. 848 Seiten

Freude am Garten. Betrachtungen und Gedichte. Mit farbigen Abbildungen. Herausgegeben von Volker Michels. it 2204. 233 Seiten

Gedichte des Malers. Zehn Gedichte mit farbigen Zeichnungen von Hermann Hesse. it 893. 48 Seiten

Hesse für Gestreßte. Herausgegeben von Volker Michels. it 2538. 158 Seiten

Jahreszeiten. Betrachtungen, Gedichte und Aquarelle mit einem Kalendarium. Zusammengestellt von Volker Michels. it 2339. 144 Seiten

Lektüre für Minuten. Gedanken aus seinen Büchern und Briefen. Auswahl und Nachwort von Volker Michels. 295 Seiten. Gebunden

Liebesgedichte. Ausgewählt von Volker Michels. it 2826. 124 Seiten

Mit Hesse durch das Jahr. 128 Seiten. Gebunden

Stufen. Ausgewählte Gedichte. BS 342. 256 Seiten

Stufen des Lebens. Briefe. IB 1231. 120 Seiten

Vom Wert des Alters. Mit Fotografien des Dichters von Martin Hesse. 280 Seiten. Gebunden

NF 550/5/2.08

Wunder der Liebe. Liebesgedichte. Herausgegeben und mit einem Nachwort von Volker Michels. it 2263. 125 Seiten

Wege nach Innen. 25 Gedichte. Ausgewählt und mit einem Nachwort von Siegfried Unseld. IB 1212. 80 Seiten

Hermann Hesse und die Literatur

Dank an Goethe. Betrachtungen, Rezensionen, Briefe. Mit einem Essay von Reso Karalaschwili. Neu zusammengestellt von Volker Michels. it 2250. 213 Seiten

Eine Literaturgeschichte in Rezensionen und Aufsätzen. Herausgegeben von Volker Michels. st 252. 600 Seiten

Die Welt der Bücher. Betrachtungen und Aufsätze zur Literatur. Zusammengestellt von Volker Michels. st 415. 373 Seiten

Die Welt im Buch. Herausgegeben von Volker Michels
- Leseerfahrungen I. Rezensionen und Aufsätze aus den Jahren 1900–1910. 640 Seiten. Gebunden
- Leseerfahrungen II. Rezensionen und Aufsätze aus den Jahren 1911–1916. In Zusammenarbeit mit Heiner Hesse. 807 Seiten. Gebunden
- Leseerfahrungen III. Rezensionen und Aufsätze aus den Jahren 1917–1925. In Zusammenarbeit mit Heiner Hesse und Marco Schickling. 806 Seiten. Gebunden
- Leseerfahrungen IV. Rezensionen und Aufsätze aus den Jahren 1926–1934. In Zusammenarbeit mit Heiner Hesse und Marco Schickling. 770 Seiten. Gebunden
- Leseerfahrungen V. Rezensionen und Aufsätze aus den Jahren 1935–1962. In Zusammenarbeit mit Heiner Hesse und Marco Schickling. 683 Seiten. Gebunden

NF 550/6/2.08

Briefe und Briefwechsel

Ausgewählte Briefe. Erweiterte Ausgabe. Zusammengestellt von Hermann Hesse und Ninon Hesse. st 211. 567 Seiten

Briefe an Freunde. Rundbriefe 1946–1962 und späte Tagebücher. Herausgegeben von Volker Michels. it 2642. 299 Seiten

Gesammelte Briefe. Vier Bände in Kassette. In Zusammenarbeit mit Heiner Hesse herausgegeben von Ursula und Volker Michels. 2322 Seiten. Gebunden

Hermann Hesse. »Liebes Herz!« Briefwechsel mit seiner zweiten Frau Ruth. Herausgegeben von Ursula und Volker Michels. Mit Abbildungen. 644 Seiten. Gebunden

Hermann Hesse. »Die dunkle und wilde Seite der Seele«. Briefwechsel mit seinem Psychoanalytiker Josef Bernhard Lang. 1916–1945. Herausgegeben von Thomas Feitknecht. Mit Abbildungen. 442 Seiten. Gebunden

Hermann Hesse/Hugo Ball und Emmy Ball-Hennings. Briefwechsel 1921–1927. Herausgegeben und kommentiert von Bärbel Reetz. 616 Seiten. Gebunden

Hermann Hesse/Rudolf J. Humm. Briefwechsel. Herausgegeben von Ursula und Volker Michels. Mit acht Fotografien. 344 Seiten. Gebunden

Hermann Hesse/Thomas Mann. Briefwechsel. Herausgegeben von Anni Carlsson und Volker Michels. Mit Fotografien und Abbildungen. 378 Seiten. Gebunden

Hermann Hesse/Stefan Zweig. Briefwechsel. Herausgegeben Volker Michels. BS 1407. 209 Seiten. Gebunden

NF 550/7/2.08

Biographien

Hugo Ball. Hermann Hesse. Sein Leben und sein Werk. st 385. 194 Seiten

Ralph Freedman. Hermann Hesse. Autor der Krisis. Eine Biographie. Übersetzt von Ursula Michels-Wenz. st 3088. 540 Seiten

Hermann Hesse. Sein Leben in Bildern und Texten. Herausgegeben von Volker Michels. Vorwort von Hans Mayer. Gestaltet von Willy Fleckhaus. Großformat. st 3218. 368 Seiten

Gisela Kleine. Zwischen Welt und Zaubergarten. Ninon und Hermann Hesse. Ein Leben im Dialog. Mit Fotografien. st 1384. 656 Seiten

Birgit Lahann. Hermann Hesse. Dichter für die Jugend der Welt. Ein Lebensbericht. Mit farbigen Fotografien von Ute Mahler. st 3478. 153 Seiten

Michael Limberg. Hermann Hesse. Leben – Werk – Wirkung. sb 1. 159 Seiten

Volker Michels. Hermann Hesse. Leben und Werk im Bild. Mit dem »Kurzgefaßten Lebenslauf« von Hermann Hesse. it 36. 235 Seiten

Alois Prinz. »Und jedem Anfang wohnt ein Zauber inne«. Die Lebensgeschichte des Hermann Hesse. st 3742. 403 Seiten

Herbert Schnierle-Lutz. Hermann Hesse. Schauplätze seines Lebens. it 1964. 345 Seiten

NF 550/8/2.08

Über Hermann Hesse

Siegfried Unseld. Begegnungen mit Hermann Hesse. st 218. 268 Seiten

Über Hermann Hesse. Erster Band (1904–1962). Herausgegeben von Volker Michels. st 331. 473 Seiten

Über Hermann Hesse. Zweiter Band (1963–1977). Herausgegeben von Volker Michels. st 332. 523 Seiten

NF 550/9/2.08